한국인의 힘

7가지 미래창조 메가트렌드

한국인의 힘

7가지 미래창조 메가트렌드

Seven Future Creative Megatrend

하인호 지음

Inho Ha

인간사랑

책머리에…

세계는 우리를 이렇게 주목하고 있다

세계는 지금 한국이 지구촌 사회에서 가장 먼저 디지털 폭풍을 통과한 후에 탁월한 네트워킹 능력을 발휘하면서 이산성이 아주 강한 민족으로 부상하고 있는 나라로 보고 있다. 그리고 우수한 숙성문화와 퍼지논리를 승화시켜 세계에서 제일 먼저 네오 아날로그 혁명을 성취할 나라로 주목하고 있다.

골드만삭스 보고서(2005. 12. 12.)는 한국 국민의 1인당 GDP는 2020년에 세계 9위가 되고 2025년에는 세계 3위, 2050년에는 미국 다음으로 세계 제2위가 될 것으로 예측했다. 필자도 『한국인의 선택적 미래 2020』(2005. 9.)에서 우리나라는 2020년에 선진국에 진입하고, 2040년에 일류국가에 진입할 것으로 예측하였다.

이를 뒷받침할 수 있는 한국인의 성장동력에 관한 연구는 1991년에 그 구상이 이루어졌고 2002년부터 본격적인 연구가 시작되었다. 이러한 필자의 연구결과들은 2003년부터 발표되기 시작한 외국 연구소들의 예측내용들과 많은 유사성을 가지고 있었다.

작년 말부터 연구된 내용들을 메가트렌드 중심으로 체계화하기 시작하였다. 이러한 작업의 결과에 의하면, 우리는 다른 나라의 국민들이 도저히 갖지 못할 수많은 훌륭한 무형자산을 가지고 있었다. 또 세계 어느 국가도 결코 우리를 추월할 수 없는 많은 실적과 기록을 가지고 있는 것을 발견해냈다. 세계는 지금 이러한 것들을 주목하고 있다. 그러나 우리 스스로 우리가 가지고 있는 훌륭한 정신적 자산을 건전하게 발전시켜 성숙한 단계로 끌어올릴 때 위와 같은 예측들은 우리의 것으로 실현될 수 있을 것이다.

지금도 우리는 심각한 갈등의 수렁 속에서 허우적거리며 잠들어 가고 있는데도 세계인들은 계속해서 대한민국에 대해 많은 희망과 기대를 걸고 있다. 선진국의 많은 연구소들이 경제발전에 관련된 장기 예측을 할 때에는 항상 빼놓지 않고 한국의 발전 가능성을 높이 평가하고 있다. 이러한 보고서를 뒷받침하고 있는 결과들은 주로 성장지수를 결정하는 환경요인에 의해 예측된 것들이었다.

이와 같이 외국의 많은 연구소들은 메가트렌드 속에서 계속적으로 한국의 발전 가능성을 밝혀내고 있다. 이는 21세기의 사회변화 속에서 한국사회가 스스로의 힘에 의한 새로운 메가트렌드를 창조해 가고 있음을 입증해 주고 있는 것이다. 그러나 정작 우리는 우리가 만들어 가고 있는 메가트렌드에는 무관심하다. 더욱 더 안타까운 일은 우리가 세워놓은 세계적인 실적과 기록은 인정하지 않고 항상 외국 것만을 바라보고만 있다는 점이다.

필자는 우리 사회가 만들어 가고 있는 메가트렌드의 실제 모습을 찾아보기 위해 많은 노력을 한 결과 "우리는 틀림없이 일류국가가 될 수 있는 메가트렌드를 창조해 가고 있다"는 것을 확인하였다.

이들 메가트렌드는 다음과 같이 "7가지 미래창조 메가트렌드"로 나타났다: 세계를 주도할 수 있는 이산성이 가장 강한 한민족 메가트렌드, 한국가치의 글로벌화 메가트렌드, 21세기 가치관과 패러다임 중심의 보수적 성향으로 가는 이념 메가트렌드, 숙성문화와 과학적 의사소통으로 선진과학기술로 가는 메가트렌드, 평준화의 반작용에 따른 새로운 글로벌 인재양성 메가트렌드, 통합과 조화로 생산성을 높일 수 있는 세대통합 공동 CEO 메가트렌드, 성장과 발전, 개척과 무한한 도전의 기회를 제공하는 투 더블류 중심권 메가트렌드.

위와 같은 7가지 메가트렌드는 분명히 한국사회의 무한한 미래 성장동력을 밀도 있게 포용하고 있다. 이들 메가트렌드는 무한 경쟁 시대를 주도하게 될 많은 무형자산으로 구성되어 있다. 특히 우리의 숙성문화에는 양적인 성장을 고품질의 질적 성장으로 승화시킬 수 있는 창조적 에너지가 흐르고 있다. 외국의 유명한 연구기관들은 바로 이러한 우리의 무형자산을 높이 평가하고 있는 것이다.

그러나 우리의 무형자산은 정신적 자산이기 때문에 우리의 정신이 병들면 쓸모가 없게 되어 버린다. 또한 무형자산은 깨어 있는 정신의 풍요로움 속에서만 무한(無限) 경쟁력을 갖게 된다. 정신적으로 깨어나면 우리의 기(氣)가 다시 살아나서 우리의 무형자산이 무한 경쟁력을 갖게 된다. 지금 한국사회에는 국민들의 기가 되살아나게 해주는 많은 지도자가 필요하다.

우리는 지금 깨어 있는 어머니와 같은 정신력을 가지고 "7가지 미래창조 메가트렌드" 속에 흐르는 한국인의 혼을 일깨워야 한다. 또한 우리가 세워놓은 세계적인 기록과 실적, 그리고 우리가 축적해 놓은 무형자산에 대해 무한한 자부심을 가져야 한다. 그리고 모두가 서로의 장점을 칭찬하면서 미래창조 메가트렌드에 끊임없이 활력을 불어넣어 신들림의 기상을 높여야 한다. 신들림의 기상은 틀림없이 대한민국을 일류국가로 창조해낼 것이다. 그리고 동서양을 결합시켜서 서로의 문화를 나누어 가면서 평화롭고 즐거운 지구촌 사회를 만들어 가는 데 기여하게 될 것이다.

이 책의 초고가 탈고된 후에 여러 연령계층과 여러 분야에 근무하고 있는 분들과 이 초고를 검토하면서 많은 의견을 나누었다. 이러한 작업은 이 조그마한 책을 완성하는 데 많은 도움이 되었다. 초고를 읽은 모든 분들께서 이 책의 초고를 읽으면서 희열을 느꼈으며, 한국인이라는 자부심을 가지고 열심히 일해야겠다는 생각이 절실해졌다고 하였다. 필자 스스로도 이 책을 집필하면서 똑같은 느낌을 가졌다.

필자는 3가지 유형의 책을 집필하려고 20여 년 전부터 계획을 세웠다. 첫 번째 책은 아시아인을 위한 책이었다. 이 책은 이미 출간된 『투 더블류 중심권 신세계질서』(2004) 였다. 두 번째 책은 한국인을 위한 책이다. 이 책이 바로 이번에 출간되는 『한국인의 힘 : 7가지 미래창조 메가트렌드』이다. 세 번째 책은 나를 위한 책인 동시에 세계인을 위한 책이다. 앞으로 소정의 목표를 달성하기 위해서는 아직까지도 많은 노력이 필요하다는 것을 절감하고 있다.

아무쪼록 이 책을 읽는 모든 분들께서 희망에 가득 찬 희열을 느끼고, 한국인으로서의 자부심을 가지고 한국인의 혼(魂)과 기(氣)를 불러일으키는 데 조금이나마 도움이 되기를 기대하는 마음 간절하다. 끝으로 이 책을 기꺼이 출판해 준 인간사랑 여국동 사장님을 비롯한 모든 분들께 깊은 감사를 드린다.

2006년 10월 25일

하 인 호

차 례

책머리에 :: 005

제1장 세계는 왜 대한민국을 주목하고 있는가? :: 017

1. 디지털 폭풍을 통과한 나라 :: 018
2. 네트워킹이 탁월한 나라 :: 021
3. 무형자산이 풍요로운 나라 :: 024
4. 이산성이 강한 민족을 가진 나라 :: 027
5. 탁월한 숙성문화를 가진 나라 :: 030
6. 퍼지논리를 승화시킨 나라 :: 033
7. 네오 아날로그 혁명을 성취할 나라 :: 036

제2장 7가지 미래창조 메가트렌드 :: 041

1. 한민족 메가트렌드 :: 043
    - (1) 한민족 이산성 세계 1위 :: 045
    - (2) 한민족 해외 이주 동기 :: 045
    - (3) 글로벌화된 한민족 :: 049

Korean Power
Seven Future Creative Megatrend

(4) 한민족 글로벌 잠재력 :: 051
(5) 한민족 북한 개발 네트워크 :: 054
(6) 한민족 글로벌 네트워크 :: 055
(7) 코리안 글로벌 파워 :: 059

2. 가치 메가트렌드 :: 063
(1) 아시아 가치 부활 :: 064
(2) 잘못 인식된 반미감정 :: 066
(3) 맥월드와 투 더불월드 :: 068
(4) 경고 메시지 :: 072
(5) 글로벌 가치 :: 077
(6) 4가지 가치 축의 세계 :: 080
(7) 신가치 패러다임 :: 084

3. 이념 메가트렌드 :: 085
(1) 보수와 진보의 리듬 :: 086
(2) 해방과 이념갈등 :: 090

(3) 극우보수와 진보의 향방 :: 091

(4) 정신적 용광로 :: 094

(5) 보수성향 패러다임 :: 097

(6) X세대와 닷컴 세대의 성향 :: 099

(7) 신이념세계 :: 102

4. 과학기술 메가트렌드 :: 103

(1) 천당과 지옥 :: 104

(2) 과학의 순환과 발전 :: 106

(3) 한국인의 과학기술 잠재력 :: 109

(4) 과학기술 발전의 촉진제 :: 111

(5) 전통 의식주 생활과학 :: 114

(6) 실상과 전환 :: 121

(7) 한국인의 과학기술세계 :: 125

5. 인재 메가트렌드 :: 128

(1) 15년의 차이 :: 129

Korean Power
Seven Future Creative Megatrend

(2) 평준화의 반작용 :: 132
(3) 세계적 기록 성취 :: 134
(4) 일본 추월 :: 137
(5) 인재양성 맥락 :: 138
(6) 선진국을 앞선 양적 동력 :: 141
(7) 신인재양성 패러다임 :: 143

6. 세대 메가트렌드 :: 151
(1) 세대의 특성과 혼란 :: 152
(2) 세대의 단절과 이음 :: 155
(3) 기성 세대의 복귀 :: 156
(4) 세대통합 공동 CEO 정신 :: 158
(5) 세대통합 공동 CEO 유형 :: 161
(6) 세대통합 촉진 세대 :: 163
(7) 세대 간의 성장 마인드 :: 164

7. 투 더블류 중심권 메가트렌드 :: 165

(1) 미래학의 이동 :: 166

(2) 투 더블류권의 특성 :: 168

(3) 신세계질서 :: 170

(4) 신고객 메가트렌드 :: 174

(5) 인력 메가트렌드 :: 177

(6) 프로젝트 메가트렌드 :: 179

(7) 투 더블류권의 글로벌화 :: 184

제3장 자신의 메가트렌드를 만들자 :: 187

1. 나를 위한 변화질서를 만들자 :: 188

(1) 3가지 변화질서 :: 189

(2) 전환과 창조적 파괴의 순환질서 :: 194

(3) 중심 변화와 주변 변화 :: 197

2. 자신의 도움을 풍성하게 만들자 :: 199

(1) 자기 발견 :: 200

(2) 자신의 도움 :: 201

(3) 투명사회의 질서 :: 205

3. 다모작 세상의 주역이 되자 :: 207

4. 한국인의 품성을 되살리자 :: 210

5. 깨어나자 대한민국 :: 216

6. 칭찬하자 대한민국 :: 220

7. 메가트렌드로 일류국가 창조하자 :: 223

찾아보기 :: 227

제1장

세계는 왜 대한민국을 주목하고 있는가?

우리는 지금까지 "새마을운동"이란 개발모델을 가지고 전 세계의 개발도상국가와 저개발국가의 국민들을 깊은 잠에서 깨어나도록 만들었다. 세계에서 가장 부지런한 민족이란 일등자리를 차지하고 있었던 유태인을 밀어내고 그 일등자리를 우리가 차지하였다. 연이어서 우리는 산업화를 성취하는 데 있어서도 세계 최고 기록을 세웠다.

그러나 우리는 지금 정신적으로 깨어나지 못하고 있다. 우리 사회는 오늘도 보수와 진보의 대립으로 심각할 정도의 이념갈등에 휘말려 있다. 또 집단 이기주의에 의한 폭력사태가 끊이지 않고 있다. 특히 특권계층의 부정부패는 매일 매일 봇물 터지듯이 쏟아져 나오고 있다.

그런데도 세계는 지금의 대한민국을 이렇게 주목하고 있다. 세계인들은 계속해서 대한민국에 많은 희망과 기대를 걸고 있고, 선진국의 많은 연구소들이 경제발전에 관련된 장기 예측을 할 때에는 항상 빼놓지 않고 한국의 발전 가능성을 높이 평가하고 있다. 또한 세계는 지금 한국이 지구촌 사회에서 가장 먼저 디지털 폭풍을 통과한 후에 탁월한 네트워킹 능력을 발휘하면서 이산성이 가장 강한 민족으로 부상하고 있는 나라로 보고 있다. 그리고 우수한 숙성문화와 퍼지논리를 승화시켜 세계에서 제일 먼저 네오 아날로그 혁명을 성취할 나라로 주목하고 있다.

1. 디지털 폭풍을 통과한 나라

우리는 세계에서 최초로 그리고 가장 빠르게 디지털 폭풍을 이겨냈다. 선진국들이 우리를 부러워하는 것은 우리가 엄청난 혼란을 겪으면서 거뜬히 디지털 폭풍을 통과했다는 점 때문이다. 모든 선진국들은 앞으로 디지털 폭풍을 통과해야 한다.

우리 사회가 이렇게 어지럽고 복잡한 것도 디지털 폭풍이 한바탕 휩쓸고 가버렸기 때문이다. 디지털 폭풍이 휩쓸고 간 자리에는 마치 전쟁이 남긴 흔적과도 같이 아직도 많은 고통과 아물지 않은 상처가 남아 있다.

디지털 폭풍이 몰고 온 가장 큰 상처는 직장혁명이었다. 많은 조직체들이 무너지고, 많은 직장인들이 여러 가지 명목으로 직장을 잃었다. 또한 디지털 폭풍에 의한 하이퍼폴리틱스(hyperpolitics) 현상은 기존의 정치판과 선거판을 송두리째 파괴해 버렸다. 그리고 과거와는 현격하게 다른 새로운 정치문화를 만들어내고 있다. 정치인들은 이러한 디지털 정치문화에 적응하기 위해 오늘도 바쁘게 달리고 있다.

디지털 폭풍에 의한 개방물결은 모든 조직과 개인의 정보를 밖으로 일시에, 그리고 한꺼번에 돌출시켜서 대중 앞에 내놓아 버린다.

이러한 결과는 조직 속의 비리가 백일하에 드러나고 개인이 쌓아온 공적과 명성은 어떤 경우에는 거짓된 내용이 낱낱이 밝혀져서 하루아침에 사상누각이 되어 버린다. 날로 무너지는 조직이 생겨나고, 국민들의 존경을 받던 사회 명사들이 추락하여 우리의 기억 속에서 사라지고 있다. 또 디지털 폭풍의 적응 여부에 따라 새로운 기업의 부상과 기존 기업이 도산되는 춘추전국시대가 지속되고 있다.

디지털 폭풍은 정치인과 기업인의 부정부패를 송두리째 들추어 내 버린다. 아무리 감추어도 누구든지 마음만 먹으면 컴퓨터를 매개체로 활용하여 단 몇 초 만에 인터넷을 통해 숨겨놓은 비밀을 나라 안은 물론 전 세계에 확산시켜 버린다.

이러한 디지털 폭풍이 몰고 온 자리는 지금도 계속해서 우리를 어지럽게 만들고 있다. 하룻밤 자고 나면 또 어떤 복잡한 일들이 나타나서 우리 앞을 어지럽게 만들지 모르는 예측 불가능한 오늘을 살아가고 있는 것이다.

앞으로 완전히 투명한 사회로 전환될 때까지 디지털 폭풍은 계속해서 정치계와 기업체의 부정부패를 들추어낼 것이다. 바로 이러한 현상들도 선진국들이 앞으로 반드시 경험해야 한다.

지난 몇 년간을 회고해 보면 우리는 디지털 폭풍이 얼마나 무서웠던가를 기억해낼 수 있다. 꼼짝도 하지 않았던 할아버지와 할머니, 그리고 주부들도 컴퓨터와 인터넷 공부를 하기 위해 학원으로, 그리고 동사무소의 컴퓨터 교육장으로 달려갔던 우리 사회의 풍속도를 회상해 볼 수 있다. 지금도 디지털 폭풍의 여풍이 몰아치고 있다.

특히 2000년을 전후한 한국사회는 모든 연령계층이 심각한 디지털 폭풍에 휘말려 있었다. 젊은 계층은 컴퓨터 실력에서 남보다 조금

만 뒤떨어져도 마치 인생에 실패하는 것처럼 디지털 경쟁에 매몰되어 있었다. 나이 든 세대 역시 컴퓨터를 익히지 못해 인생이 끝나버린 것처럼 우울하고 허탈한 상태에 빠져 있었다. 그러나 지금은 세대간 상호 보완 속에 디지털 폭풍을 극복하였고, 나이 든 세대 중에도 많은 분들이 컴퓨터를 자유롭게 다루고 있다.

궁극적으로 컴퓨터와 인터넷은 수익성을 창출하고 우리 생활의 질을 향상시키는 필수도구로 정착되었다. 특히 우리 사회는 2006-2020년 기간에 네오 아날로그 시대를 열어가면서 나이 든 세대의 지혜와 젊은 세대의 신아이디어가 결합되어 새로운 세대통합 공동 CEO 정신을 창출하는 훌륭한 일을 해낼 것이다(상세한 내용은 제2장의 "6. 세대 메가트렌드"를 참고하기 바람).

이렇게 우리나라는 디지털 폭풍을 경험한 디지털 선진국이다. 그렇기 때문에 디지털 폭풍으로부터 생산성을 올리면서 새로운 네오 아날로그(Neo-Analog) 시대를 준비해야 한다. 2005년의 초고속 정보통신망 접속 가구 수는 한국이 72%인 데 비해 미국은 25%에 불과하다. 앞으로 미국을 비롯한 대부분의 선진국들은 디지털 폭풍에 휩싸이게 될 것이다.

선진국들과는 달리 우리는 네오 아날로그 혁명을 먼저 성취하는 선진국이 되어야 한다. 네오 아날로그 혁명을 먼저 성취하면 한국은 틀림없이 일류국가로 가는 길을 만들게 된다.

2. 네트워킹이 탁월한 나라

디지털 폭풍을 통과한 우리는 네트워킹 속에서 강력한 힘의 원천을 만들어내야 한다. 전통적으로 우수한 우리의 네트워킹 실력은 이미 3 · 1운동 때 글로벌화되었고, 2002년 한일월드컵 때 글로벌 응원으로 나타났으며, 또 2006년의 독일월드컵 글로벌 응원으로 연결되었다.

네트워킹의 탁월성은 유목민의 속도에서 나온다고 한다. 2000년 1월 1일 뉴욕타임즈는 칭기스칸을 두 번째 밀레니엄을 살았던 수많은 영웅 중에서 최고의 영웅으로 선정하였다. 그는 국제감각이 뛰어났으며, 네트워킹을 탁월하게 활용하였고, 하루에 300km를 달리는 기마병을 거느리고 있었으며, 첨단기술을 사용하고 있었다고 한다. 이미 700년 전의 칭기스칸은 디지털 시대의 3대 성공요인인 속도, 네트워킹과 정보기술을 모두 가지고 있었다.

우리나라의 네트워킹은 봉홧불에서 시작되었다. 특히 고려 말 개성상인의 '두문동 정신'에서 출발한 보부상은 탁월한 물품유통 및 정보유통 네트워킹을 창안하여 활용하였다. 보부상은 전국의 백성들에 대한 훌륭한 정보 공급자였다. 보부상의 네트워킹이 강력한 힘을 발휘하게 된 것은 수월성을 갖춘 이념적 구조를 가지고 있었기 때문이었다. 이들의 이념적 구조는 국가이념으로 진충보국(盡忠報國), 사회이념으로 예의(禮儀), 대내이념으로 정의(情誼), 고객이념으로 신의(信義)를 두고 있었다.

이러한 한민족의 우수한 네트워킹 능력은 3 · 1운동 때에 글로벌 네트워킹으로 발전하였다. 즉 남녀노소가 국내외에서 일시에 독립운동에 참가하였다.

유관순 열사는 네트워킹 천재였다. 유관순 열사는 3 · 1운동(양력)을 치르고 서울에서 고향으로 돌아가 동지를 규합하여 병천(竝川), 목천(木川), 천안(天安), 안성(安城), 청주(淸州) 등 여러 지역의 교회학교와 유림을 규합하여 1919년 음력 3월 1일에 총궐기하여 만세운동을 벌이기로 하였다. 드디어 거사일로 정한 음력 3월 1일 하루 전날인 2월 그믐날 저녁 지평리 뒷산인 매봉에 올라가 횃불을 높이 올렸다. 이 횃불이 그 다음날의 거사를 알리는 신호였으며, 밀약한 동지들과의 약속 신호였다. 이어서 일곱 개의 횃불이 타오르니, 원근 각지의 산봉우리에서 횃불이 모두 24개소에서 타올랐다고 한다.

이러한 3 · 1운동의 네트워킹 정신은 한일월드컵에서도 응원으로 나타났다. 3 · 1운동과 한일월드컵의 응원은 다음과 같은 유사점을 가지고 있었다.

● 네트워킹의 탁월성이다

3 · 1운동 때에도 세계인들은 한민족의 글로벌 네트워킹 능력에 감탄했다고 한다. 또 한일월드컵 때의 응원 역시 활기 넘친 국내외적 네트워킹에 세계인들은 깜짝 놀랐다.

● 세대통합이 이루어졌다

3 · 1운동 당시에도 연령과 성별(性別)에 관계없이 남녀노소 모

두가 목숨을 걸고 적극적으로 독립운동에 참가하였다. 한일월드컵의 응원 역시 세대와 연령을 초월하였다.

● 여성들이 적극적으로 참가하였다

"남녀칠세 부동석"이라는 사회적 관습이 엄연히 존재했던 그 당시에도 구국을 위한 독립운동을 하는 데는 여성들이 남성 못지않게 적극적으로 참가하였다. 한일월드컵 응원에서도 여성들의 활동이 두드러지게 나타났다.

● 정신적 에너지가 흐르고 있었다

3 · 1운동과 한일월드컵 응원은 "대한민국"이란 국호를 정신적 구호로 삼았기 때문에 우리의 혼이 정체성(正體性)과 주체성(主體性)으로 승화되어 생동감 넘치는 정신적 동력으로 넘쳐흘렀다.

전통적으로 내려온 우리 민족의 네트워킹 능력은 한국을 인터넷 강국으로 부상시켜 놓았다. 앞으로 우수한 네트워킹 능력은 현재 175개국에 거주하고 있는 한민족을 하나로 묶어서 반드시 세계를 주도하는 '열린 글로벌 민족'으로 탄생시키고, 네트워킹 내용을 정신적 에너지로 가득 채워서 생동감 넘치는 미래 성장동력으로 전환시켜 놓을 것이다. 탁월한 네트워킹 능력이 우리의 미래 성장동력이라는 점에서 세계는 대한민국을 주목하고 있는 것이다.

3. 무형자산이 풍요로운 나라

우리의 가장 중요한 자산은 모든 인재들의 우수한 두뇌, 이들의 마음과 정신세계에 담겨져 있는 무형자산(無形資産)인 정신적 자본(精神的 資本)이다. 세계는 바로 이러한 우리의 무형자산을 주목하고 있다.

21세기 지식사회는 가치 창조자인 인간이 가장 중요한 자산이다. 그 중에서 인간이 가지고 있는 정신적 역량과 지적 능력이 최고의 자산이다. 지식사회에서는 무형자산이 무한 경쟁력의 원천이 된다. 또 무형자산을 많이 가지고 있는 나라가 세계를 움직이는 주도국이 된다.

필자가 밝혀낸 대한민국의 미래창조를 위한 7가지 메가트렌드의 내용 역시 거의 모두가 무형자산이었다. 무형자산인 정신적 자산은 아무리 퍼내고 또 퍼내도 결코 고갈되지 않으며, 사용할수록 그만큼 더 풍요로워진다. 무형자산은 우리의 영원한 지식(智識)과 지혜(智慧)의 보고(寶庫)이다. 따라서 부존자원(賦存資源)이 부족한 나라라고 조금도 실망할 필요가 없다. 오히려 삼천리 금수강산을 아끼고 더 아름답게 가꾸면서 우리의 무형자산을 적극적으로 활용해야 한다.

앞으로 "7가지 미래창조 메가트렌드"를 밝혀가면서 각 메가트렌드에 들어 있는 여러 가지 무형자산을 논의해 나갈 것이다. 그러나 여기서는 이해를 돕기 위해 아주 간단하고 특별히 중요하게 느끼지 못했던 우리의 무형자산 몇 가지를 예를 들어 보면서 왜 그렇게 외국인들이 부러워하고 있는가를 알아보기로 한다.

세계는 지금 우리가 대수롭지 않게 여기는 82.1%(2005)의 세계 최고 대학진학률, 세계에서 가장 낮은 0%에 가까운 문맹률과 한글의 우수성에 주목하고 있다.

21세기 지식사회에서는 한 국가와 사회의 발전 수준을 결정하는 핵심요인으로 바로 대학진학률, 문맹률과 문자가 가장 중요한 역할을 하게 된다. 미국과 일본 등 어떤 선진국도 21세기를 통틀어서 한국의 높은 대학진학률과 낮은 문맹률을 결코 따라올 수 없다. 특히 선진국들은 대학진학률을 높이기 위한 재원 마련과 양적 성장을 위해 많은 노력을 하고 있다. 이러한 노력은 바로 대학의 질적 수준을 떨어뜨리게 된다. 이와 같은 현상들이 일부 선진국에서 나타나고 있다.

이와는 달리 한국은 극도로 팽창된 양적 성장의 한계점에 이르게 되어 질적 전환의 분기점에서 계속적으로 대학의 구조조정이 이루어지고, 대학의 생존을 위한 경쟁은 반드시 대학교육의 질을 향상시키는 결과를 가져오게 될 것이다.

한글의 우수성은 바로 우리가 0%에 가까운 세계에서 가장 낮은 문맹률을 낳게 하였고, 이러한 우리의 낮은 문맹률이 바로 국가발전과 직결되었다는 것이다.

미국의 클린턴 행정부에서도 한글의 우수성이 한국의 낮은 문맹률에 크게 기여하였다고 평가하면서 미국의 높은 성인 문맹률을 깊이 우려하고 있었다는 점은 이미 잘 알려져 있는 사실이다. 특히 클린턴 행정부는 글을 제대로 읽고 쓸 줄 아는 미국 성인은 79%에 불과하다고 보고 문맹퇴치를 국가적인 목표로 세우기도 하였다.

지금 중국이 이렇게 자신감을 갖는 것은 중국 성인의 문맹률이 14. 5%(2003)에 불과하여 경제발전을 위한 큰 장애요인이 이미 제거되었다고 보기 때문이다. 인도가 강력한 IT 인프라와 우수한 지력(智

力)을 가지고 있으면서도 주춤거리고 있는 것은 바로 42%(2003)에 가까운 성인 문맹률 때문이다. 또 극동아시아 지역이 세계의 주목을 받고 있는 것도 한국, 일본과 중국의 낮은 문맹률 때문이다.

한글은 세계 20대 언어 중 사용자 수에서 13위라고 한다. 프랑스의 세계 언어학자 회의에서 한글을 세계 공용어로 하자는 의견이 나왔으며, 영국 옥스퍼드 대학교 언어대학의 세계 언어평가 결과에서 한글이 세계 제1위였다고 한다. 유네스코에서는 훈민정음을 세계 기록문화 유산으로 지정하였다. 특히 유네스코에서는 문맹퇴치 활동에 크게 기여한 사람에게 상을 수여하는데, 이 "상명(賞名)"이 바로 한글을 창조한 세종대왕(世宗大王)의 이름을 딴 세종대왕상이다. 국제사회에서는 문자가 없는 국가에 한글 사용을 권고하자는 의견도 나오고 있다. 컴퓨터에서 한글의 경제성은 한자[※]와 일본어보다는 7배의 효과를 가져 온다고 한다.

※ 요즘 우리가 사용하고 있는 한자(漢字)는 우리의 것이라는 주장이 나오고 있다. 이러한 주장은 우리가 사용하고 있는 한자는 중국의 은나라 시대에 만들어진 것이며, 은나라의 민족은 동이족(東夷族)으로서 우리와 같은 민족이라는 점에 근거를 두고 있다. 특히 지금도 한국만이 한자(漢字)를 정자(正字)로 사용하고 있으며, 중국은 간자(簡字)를 사용하고 있고, 일본은 반자(半者)를 사용하고 있어 은나라의 한자를 한국만이 이어받아 사용하고 있는 셈이다.

한글의 과학성은 여러 가지 점에서 증명되고 있다. 한글은 뛰어난 소리글자이다. 한글은 발음기관을 상형화한 세계 유일의 글자로서, 특히 그 구조가 조직적이고 체계적이라는 평가를 받고 있다. 지금 한글의 음성기호화 작업이 필요하다.

한글의 우수성, 높은 대학진학률과 낮은 문맹률은 바로 우리의 귀

중한 무형자산이다. 이러한 우리의 무형자산을 세계가 주목하고 있다.

4. 이산성이 강한 민족을 가진 나라

지금은 세계 어디를 가든지 한국 사람을 만나게 된다. 선진국의 실험실과 강의실, 태권도장, 해외 골프장과 축구장, 선진국의 연주회, 음악회, 작품 전시회 등 지구촌 사회의 곳곳에서 한국의 많은 인재들이 뛰어나게 활동하고 있다. 특히 다국적군이나 평화유지군에서도 한국이 파견한 군인만이 평화유지군으로서의 역할을 제대로 수행하고 있다. 이는 이미 소말리아와 동티모르에서 증명되었다. 지금 열사의 땅 이라크에서도 한국 군인만이 제대로 재해복구와 지역사회 개발사업을 수행하고 있다.

지구촌 사회 재앙의 현장, 재해현장, 그리고 굶주리고, 가난하고, 병든 사람이 많은 곳에 반드시 한국 사람이 머물면서 도움의 손길을 보내고 있다. 더 나아가서 한국은 개신교의 종주국도 아니고, 불교의 종주국도 아니다. 그런데도 한국은 세계에서 가장 많은 선교사(목사와 평신도 전도사 포함)를 해외에 파견하여 선교활동을 하고 있고, 또 세계에서 가장 많은 스님들이 해외에서 교화활동을 펼치고 있다. 최근에는 원불교에서 파견한 많은 교무들이 해외 여러 나라에서 적극적으로 교화활동을 하고 있다. 특히 한국 선교사와 스님들은 선진국의 선교사와는 달리 아프리카의 여러 지역에서 가난과 굶주림 속에서 살아가고 있는 민족들에게 봉사의 손길을 보내고 있다. 이 얼마나 갸륵한 일인가? 우리 한국인들은 지구촌 사회의 신앙을 위해 많은 노력을 기울이고 있다. 이와 같은 한국인의 모습을 보고 지금 세계는 한국인의 신앙심에 크게 주목하고 있다.

지금 한국인은 수적(數的)인 이산규모에서는 중국인, 유태인에 이어 세계에서 세 번째이다. 그러나 인구비례에서 보면 당연히 한국이 세계 제1위이다. 한국인의 이산범위는 세계 175개국에 거주하고 있어 세계 어느 민족도 따라올 수 없다. 한국인의 이산성은 제2장 "한민족 메가트렌드"에서 보다 더 구체적으로 다루기 때문에 여기서는 개괄적으로 논의하려고 한다.

중국인은 주로 동남아시아와 미국에 거주하고 있으며, 유태인은 유럽 일부와 미국, 캐나다에 주로 거주하면서 해외 경제권을 주도하고 있다. 미국을 비롯한 유럽 강대국들은 이산을 통해 국력을 강화하였다. 일본과 이탈리아가 과거 패전 후에 이민을 통해 국가발전의 활로를 찾았다.

이산은 여러 가지 이유에서 이루어진다. 가난을 피해 먹고 살기 위한 유랑생활로부터 민족 이산이 시작된다. 또 침략에 의한 강제 이산이 이루어지기도 한다. 봉사와 선교를 위한 종교활동 중심으로도 이산이 이루어진다. 요즘에 와서는 취업과 결혼, 또 삶의 질을 찾아 민족 이산이 자연적으로 이루어진다.

미국은 지금까지 이런 조건을 성취하기 위한 꿈의 나라, 모든 세계인이 동경하는 나라로 인식되어 왔다. 여기서 우리는 강대국들의 이산 목적을 한번 짚어볼 필요가 있다.

지금까지 대부분의 강대국들은 이산의 목적으로 주로 빈민구제 중심의 봉사와 선교활동을 내세우고 있었으나, 부분적으로는 앞으로의 어떤 침략을 준비하기 위해 전략 수립을 위한 정보 수집을 하는 일도 포함되어 있었다는 점을 우리는 결코 도외시할 수 없다. 소위 강대국일수록 이러한 측면이 더 강하였다.

그런데도 강대국들은 왜 한국의 이산성(離散性)을 주목하고 있는가? 한국은 조그마한 나라이며, 지금까지 결코 외국을 침략해 본 일이 없다. 또 한국인은 외국을 침략하거나 외국을 지배하기 위한 정보를 수집하기 위해 해외에 거주하지 않는다.

한국인이야말로 새로운 세계를 개척하고, 어려운 사람을 위해 봉사하고, 문화를 나누기 위해 이산을 하고 있다. 이러한 순수한 한국인의 봉사활동과 문화활동은 세계평화와 번영을 위한 활동으로 그 효과가 나타나고 있기 때문에 지금 세계인들은 한국을 주목하고 있는 것이다.

또한 한국인이야말로 세계평화를 위해 봉사하고, 동서양 문화를 결합하여 성숙된 세계문화를 성취해 나갈 수 있다고 보는 것이다. 이러한 한국인의 순수한 봉사정신은 새로운 글로벌 정신을 탄생시킬 것으로 보고 있다.

최근에 와서는 외국인의 한국 국적 취득자 수가 점점 증가하고 있고, 국제사회에서 한글을 배우는 인구가 급격하게 증가하고 있는 점을 세계인들은 주목하고 있다. 실제로 한민족은 지금 세계 어느 민족 못지않게 '열린 글로벌 민족'으로 급성장하고 있다.

5. 탁월한 숙성문화를 가진 나라

김치가 왜 유명한가? 그것은 숙성의 영양소를 많이 담고 있기 때문이다. 우리 사회에는 "숙성문화(熟成文化)"가 생활 깊숙이 뿌리를 내리고 있다. 실제로 한국 사람들은 모방성이 강하여 유행에 대단히 민감하다. 그렇기 때문에 새로운 유행에 잘 휩쓸린다. 세계에서 가장 빠르게 산업화를 성취하면서 수많은 급격한 변화의 소용돌이 속에서도 이렇게 우리의 전통문화를 유지하고 있는 것은 바로 우리의 숙성문화가 뒷받침해 주고 있었기 때문이다. 즉 단순한 모방이 아니라 창조력을 발휘했다.

특히 일본의 침략에 의한 우리의 문화말살 책략에도 불구하고 끝까지 우리의 전통문화를 지속해낸 것도 바로 우리의 숙성문화로부터 나온 문화 정체성이었다. 또 산업화와 개발의 붐을 따라 끊임없이 파고들어 오는 서구문화에 계속적으로 친숙해져 왔다. 그럼에도 우리의 전통문화는 숙성의 토대 위에서 디지털 문명의 도움을 받아 더욱 더 빛나고 있다.

왜 세계는 우리의 숙성문화에 주목하고 있는가?

● 숙성은 통합과 융합에 강하다

지식사회는 반드시 통합과 융합의 과정을 거쳐야 새로운 지식과 기술을 창조하게 된다. 불과 5년 전만 하여도 우리는 미국을 비롯한 선진국의 신지식과 과학기술을 흉내도 내지 못할 것으로 생각했다.

심지어 선진국의 과학기술을 따라갈 수 있을 것이라는 생각은 꿈에도 할 수 없었다. 그러나 지금은 어떠한가? 우리는 선진국을 따라잡을 수 있다는 자신감에 가득 차 있다. 또한 우리는 지금 선진국의 정보공학기술과 생명공학기술, 그리고 극소형 공학기술을 추격하고 있다. 이미 선진국들은 이를 인정하고 있다.

● 숙성은 최고(最高)의 품질(品質)을 창조해낸다

숙성은 다차원의 승화과정(昇華過程)을 거쳐 다차원의 비전을 성취하면서 희열의 단계에 이르러 최고의 품질을 만들어낸다. 또한 한국사회는 숙성의 문화를 가지고 최첨단 기술과 제품을 창조해낼 수 있다.

숙성의 문화는 일본의 세련문화, 즉 "다듬는 문화"까지도 흡수해버릴 수 있다. 일본의 다듬는 문화에는 대충 대충이라는 뜻이 받아들여지지 않는다. 일본의 다듬는 문화의 세련성은 훌륭한 일류상품을 만들어내는 원천이 되고 있다. 그러나 우리의 제품이 최근에 일본을 따라잡고 있는 것도 우리 숙성문화의 기질이 다듬는 문화의 기질을 흡수하고 있기 때문이다.

중국의 끓이고 달구는 문화는 조정과 조화에서 탁월성을 나타내고 있다. 중국 음식을 만드는 과정에서 아무리 끓이고 달구어도 결코 넘치거나 태우는 것을 볼 수 없다. 이는 중국문화의 조정과 조화의 특성을 대변해 주고 있는 것이다. 그러나 우리의 숙성문화는 중국의 끓이고 달구는 문화보다는 숙성의 도가 깊다. 또 서구의 실용주의(實用主義) 문화는 숙성문화와는 그 깊이에서 비교가 될 수 없다. 한국의 숙성문화는 모든 문화를 융합할 수 있는 수월성을 지니고 있다.

우리는 가끔 우리 자신의 냄비근성을 탓하며 스스로 비판의 화살을 보낸다. 사회 곳곳에서 나타나고 있는 냄비근성은 우리 사회의 병적인 요인으로 작용하고 있다. 그러나 우리는 선천적으로 숙성의 근성을 가지고 있다. 냄비근성 문화 속에서 이렇게 발전한 것도 숙성의 문화가 우리의 일상생활 속에 깊숙이 자리잡고 있었기 때문이다. 앞으로 우리는 틀림없이 숙성문화를 가지고 국민정서를 성숙시켜 놓을 것이다.

● 숙성문화를 찾아보자

숙성문화는 의식주 생활에 내포되어 있다.

전통 옷감인 삼베옷과 모시옷, 그리고 무명옷의 천은 모두가 숙성과정을 거친 것이다. 또 전통의복의 색깔은 충분히 숙성시켜 만든 자연물감으로 물을 들인 것이었다. 그렇기 때문에 옷감의 천과 색깔은 고품질을 유지하면서 오랫동안 입을 수 있었다.

음식은 거의 대부분이 숙성과정을 거친 것이다.

전통음식은 숙성을 시켜야 제 맛을 낸다. 김치만 하여도 숙성 정도에 따라서 맛이 다르고, 숙성의 방법에 따라 각양각색의 제품이 나온다. 한국산 김치가 다른 나라 사람들이 만든 김치와 다른 점은 우리의 독특한 숙성문화에 있다. 숙성문화가 한국 김치의 브랜드 가치를 높이는 것이다. 김치가 바로 과학이다.

메주와 엿기름도 숙성과정을 거쳐 만들어진 것이다. 엿기름으로 만들어진 단술, 메주로 만들어진 된장과 간장, 고추로 만들어진 고추장, 그외의 각종 젓갈 등 모든 것들이 필수적으로 숙성의 과정을 거친다. 바로 숙성은 재료의 높은 질적 수준을 유지하고 청결과 위생을 확보해서 최고의 음식이 된다.

우리의 전통가옥 역시 숙성의 산물이다.

전통가옥의 재목들도 물 속에서 숙성시킨 것이다. 나무재목을 물 속에서 숙성시켜 그 질적 수준을 확보한다. 또 창문을 바르는 문종이인 창호지도 많은 숙성과정을 거쳐 만들어진다.

이와 같이 선대들은 숙성의 옷을 입고, 숙성의 음식을 먹고, 숙성 집에서 잠을 자면서 살았다. 아직까지도 우리는 아파트 생활을 제외하고는 대부분 숙성문화 속에서 살고 있다. 이와 같은 숙성문화는 21세기 지식사회의 삶의 질을 높은 차원으로 끌어올리는 원동력이 될 것이다.

우리는 점진적으로 냄비근성의 문화를 탈출하면서 숙성문화의 흐름을 통해 우리 사회를 세계 최고의 웰빙 사회로 성숙시켜 나가게 될 것이다. 이러한 숙성 중심의 웰빙 사회는 2010－2020년 기간에 성숙된 모습을 나타낼 것으로 예측된다.

6. 퍼지논리를 승화시킨 나라

세계는 왜 무질서한 것처럼 보이는 한국사회를 주목하고 있는가? 외국에 나가보면 아찔아찔한 순간을 여러 번 맞이하게 된다. 해외동포의 조국에 대한 심각할 정도의 우려와 고민스런 정서, 그리고 동포사회에서 발행되는 한국판 신문을 보면 한국사회는 그렇게 불안할 수가 없다. 그러나 한국에 돌아오면 그런 것들을 못 느끼면서 살아간다. 해외에서 만났던 동포가 우려하는 모든 것들을 잊어버리게 된다. 단조로운 서구사회만을 생각하면서 살아갈 수는 없고, 복잡하고 어지러운 우리 사회를 인정하고 살아가야만 한다.

외국인들은 경계가 없고 애매모호한 우리 사회가 오히려 21세기 지식사회에서 기동성을 발휘할 수 있다고 보고 있다. 원래 유목민들은 말을 타고 재빠르게 왔다갔다 하였기 때문에 확실한 경계를 정한다는 것은 불가능한 경우가 많았다고 한다. 우리는 흔히 창의력을 촉진시킬 때 "정답이 없을 때 상상력이 동원된다", "여유와 여백은 창의력의 전제조건이다"라는 말을 사용한다.

한석봉의 어머니는 불을 끄고 떡을 썰면서 한석봉에게 붓글씨를 쓰게 하였다가 다시 불을 켜고 붓글씨를 지도하면서 어떤 수치로 일정 기준을 정하면서 지도하지 않았다(90점을 받아라. 100점을 올려라 등).

퍼지논리(Fuzzy Logic)[⑱]는 원리원칙보다는 여러 사항을 두루두루 봐가며 적응하는 방법이다. 퍼지논리는 참(사실)의 극단적인 경우로서 0과 1을 포함하지만 그 중간에 있는 여러 가지 상태의 참도 역시 포함한다(0.2, 0.3, 0.5 등도 인정한다. 그렇기 때문에 우리 사회는 시합이나 게임에서 상의 종류가 많다. 로또 복권의 당첨결과는 우리의 퍼지문화에 맞지 않는다). 또 퍼지논리는 애매모호한 논리 개념이 적용되거나 적용되지 않는 상황 사이에 분명한 경계가 존재하지 않을 때 애매모호한 상황을 여러 가지 근사값으로 구분해 놓는 원리이다. 우리는 애매모호한 경계를 인정할 때 퍼지논리란 말을 인용하기도 한다.

퍼지논리는 1965년 UC 버클리 대학교의 자데(Lotfi Zadeh) 교수에 의해 도입된 이론이다. 예를 들면 수학의 집합이론(fuzzy set)에서 집합 각 요소 0에서 1까지의 숫자로 표시되는 특성을 갖춘 것에 대해 유연성 경계가 모호한 무엇인가의 형태로 그 중간도 다루는 논리이다. 또 퍼지논리는 애매하고 불분명한 상황에서 여러 가지 문제들을 두뇌가 판단 · 결정하는 과정에 대하여 수학적으로 접근하는 이론으로 가전제품과 자동제어 분야에서 많이 활용되고 있다.

퍼지논리는 두뇌 속의 삼라만상 현상에서 파도처럼 맴도는 사고 과정과 흡사하여 철학적 요소가 많아서 극단을 배제하는 해탈의 논리일 수도 있다. 또한 그 정신은 동양적 사고에 가깝다. 새로운 시대는 상반된 것이 공존하는 시대이다. 새로운 지식은 기존의 경계와 잣대에 의해 이단(異端)으로 몰려 이론적 적용에는 항상 한계가 있다. 이런 경우에는 기존의 이론에 구애되지 않고 기존의 경계를 무시함으로써 그 적용이 가능하게 된다.

한국인은 그 어느 민족보다도 퍼지논리에 강하다. 우리가 21세기의 새로운 지식사회와 웰빙 사회를 구축하고 발전시키기 위해서는 기존의 논리 경계에서 벗어나 새로운 사고를 하면서 새로운 지식을 창조해내야 한다. 여기에는 퍼지논리가 중요한 역할을 한다.

그러나 우리는 퍼지논리를 적용하는 데도 세심한 주의를 기울일 필요가 있다. 퍼지논리가 사회질서를 파괴하는 일에 필요 이상으로 적용되거나 무질서를 낳는 요인이 되어서는 안 된다. 특히 우리는 지나치게 퍼지논리에 집착하여 무조건 과거와 현재의 것을 파괴하고 새로운 것만을 만들려고 하는 타성에서 벗어나야 한다.

7. 네오 아날로그 혁명을 성취할 나라

한국은 디지털 폭풍의 후유증에 의해 많은 어려움을 겪고 있다. 그러나 세계는 한국이 네오 아날로그(Neo-Analog) 혁명(革命)을 선진국들보다 앞서 성취할 것으로 기대하고 있다. 한국사회의 디지털 폭풍의 후유증은 팻싱 소사이어티(Passing Society)[⑱]로 나타났다.

⑱ 팻싱 소사이어티(Passing Society)는 디지털 중심 사회의 부정적인 단면을 표현한 것이다. 동일한 내용과 수준의 정보를 가지고 우열을 가릴 수 없는 경쟁이나 토론을 반복하면서 내용이 없는 시간낭비만을 하는 잘못된 사회양식을 일컫는 말이다. 이 용어는 필자가 월간 CHIEF EXECUTIVE 4월호의 "나무를 자르면 나이테가 보인다"는 미래 산책 칼럼에서 사용하였다.

우리는 어떻게 된 일인지 옷과 얼굴치장, 머리모양과 색깔에서는 개성을 나타내고 있으나 정작 갖추어야 할 자신의 내면성과 지적 능력에서는 개성과 독창성을 찾아보기 어렵다. 인터넷에서 공급받은 유사한 지식을 가지고 무장을 하여 똑같이 평균적인 사람이 되어 서로 잘났다고 다투고 있다.

많은 대학생과 대학원생들은 인터넷에서 자료를 수집하고 짜깁기하여 깊은 성찰과정 없이 교수 연구실로 넘겨버린다. 조찬 강연회도 어떤 경우에는 강의주제에 관련된 그래프 몇 개로 구성된 빔 프로젝트를 가지고 잘 알아듣지도 못하는 영어단어만 나열하다가 끝에 가서는 참석자에게 던져버리고 가버린다.

TV의 토론과정을 보라. 진실은 마음 속에 깊숙이 가두어 두고 나와서 계속 형식적인 말만 되풀이하면서 동일한 문제를 가지고 마치

공을 주고받듯이 서로 주고받기를 하다가 끝내는 풀지 못한 문제를 시청자에게 던져버리고 끝내버린다. 프로그램 담당자는 많은 사람들이 채널을 돌려버린다는 것을 모르고 있다. 온라인 또는 오프라인 프로그램 개발자가 어떤 CEO를 만나서 프로그램 설명을 하려고 하면 설명서를 A4용지 1–2페이지 정도로 알기 쉽게 요약하여 2–3분 동안에 이해하도록 해달라고 CEO에게 요구하는 예도 쉽게 발견할 수 있다.

이러한 문화 속에서는 결국 떠넘길 상대가 없는 사람은 궁지에 몰려 희생의 제물이 되어버린다. 떠넘기기 문화는 남을 배려하지 않는 사회를 만들어 버렸다. 설상가상으로 이웃과 가까운 곳을 공격하는 세상을 만들어 가고 있다. 우리는 지금부터 디지털 혁명이 가져다 준 선물을 지혜롭게 활용하는 새로운 시대를 열어가기 위해 네오 아날로그[※※] 혁명을 성취해야 한다.

※※ 네오 아날로그(Neo–Analog)는 디지털 혁명을 성취한 후에 성숙된 지식사회로 옮아가면서 나타나는 현상으로 온라인보다 오프라인이 강조되면서 인간의 정신세계 중심의 영성(靈性)이 기초가 되어 창의적 근로, 정신적 건강, 자연친화적 웰빙과 행복을 추구하는 새로운 패러다임을 의미한다. 필자가 월간 CHIEF EXECUTIVE 5월호 "팻싱 소사이어티를 극복하라"는 미래 산책 칼럼에서 이 개념을 사용하였다.

디지털의 기반 위에 아날로그를 접목시켜 경쟁력을 낳는 새로운 21세기형 아날로그 시대가 열리고 있다. 디지털은 보편적인 것이고, 인터넷에 들어 있는 지식정보 창고에 의존하는 사람은 평균적인 사람에 불과하다. 지금부터 아날로그에 의한 변화를 일으키지 않으면 우리 사회는 침체의 늪에서 허우적거리게 된다.

우리는 또 다른 측면에서 또 다른 주목의 대상이 되고 있다. 세계에서 가장 낮은 문맹률과 가장 높은 대학진학률을 성취하고서도 실질 문맹률(일반문서를 이해하고 활용하지 못하는 능력)은 OECD 국가 중에서 가장 높은 나라로 나타나고 있다.

● 실질 문맹률을 줄이자

이를 극복하기 위해서는 모든 조직구성원에게 철저한 독서력과 문장력을 요구해야 한다. 그리고 모르면 직접 사전을 찾아보고 현장을 방문해서 관찰하는 일, 의사소통 능력과 팀워크 능력을 기르는 일, 체험을 통해 깨달음에 의한 지혜를 터득하는 아날로그 학습을 철저하게 시켜야 한다. 이러한 기본능력을 갖추지 못하면 네오 아날로그 시대를 살아가기 어렵게 된다.

네오 아날로그 문맹자를 줄이기 위해서는 모든 직업인에게 새로운 학습을 요구해야 한다. 지금 닥쳐오고 있는 네오 아날로그 세상은 디지털과 아날로그의 단순한 결합이 아니라 신사고(新思考)에 의해 새로운 세상을 창조해내는 네오 아날로그 사회를 의미한다. 이 사회는 기존의 아날로그 개념과 범주를 뛰어넘어 새로운 경영을 펼치게 되고, 현존 디지털 경영의 한계를 초월한다.

● 네오 아날로그 경영은 정신적 역량 중심 경영이다

아날로그 경영은 우리에게 스스로 마음을 다듬고 가꾸는 일에 충실할 것을 요구한다. 네오 아날로그 경영은 사원들이 자발적인 정신수련을 통해 마음 속의 진실을 끌어내어 진실을 바라보면서 신바람나게 일하게 하는 데 그 핵심이 있다. 따라서 네오 아날로그 시대를 살아가기 위해서는 개인은 필수적으로 진실한 마음을 끌어낼 수 있는 단, 명상, 요가 등의 수련을 쌓는 일을 습관화시켜 정신적으로 깨어 있는 사람이 되어야 한다.

● 네오 아날로그 경영은 인간학적 경영이다

아날로그 경영은 최고(最高)의 가치덕목(價値德目)을 인간학적 가치에 둔다. 제조업체나 육체노동 중심의 서비스업에서도 인간학적 가치가 우선된다. 인간학적 경영은 자신과 상대방의 인격과 존엄성을 최고 수준으로 높이며, 제품에서도 인간학적 가치를 최대한으로 발현시킨다.

● 네오 아날로그 경영은 행복경영이다

네오 아날로그 경영은 육체노동자와 정신노동자를 불문하고 철저한 정신노동자로 전환시켜 고급 지식근로자로 만든다. 인간학적 가치창출을 통해 사원 스스로 자부심과 자신의 존엄성을 고취시키면서 고객의 존엄성과 인격가치를 제고하여 상생(相生) 행복을 추구하게 된다. 이러한 가치덕목의 실천을 통해 자연적으로 경제적 부가가치도 산출하게 된다. 네오 아날로그 시대의 모든 직장인은 자신의 정신력으로 자신의 인격가치와 존엄성을 높이면서 희열(喜悅)을 느낄 수 있어야 행복한 직업인이 될 수 있다.

● 네오 아날로그 경영은 창의 중심 경영이다

앞으로 모든 조직체에는 지식, 기술과 문화 중심의 인프라 구축은 물론 인공지능 신소재 인프라※가 구축되고, 정신건강 중심 웰빙 인프라가 정착된다. 이들 인프라는 모든 조직의 체제를 송두리째 바꾸어 버린다. 직업활동은 창의적 업무 중심이 되어 표현적 창의성, 발명적 창의성, 혁신적 창의성※※을 가진 사람만이 조직의 핵심인력으로 남게 된다.

※ 인공지능 신소재는 인간의 학습능력, 추론능력, 지각능력과 자연언어의 이해능력 등을 컴퓨터 프로그램으로 실현한 기술을 금속, 무기·유기원료 및 이들을 조합한 원료를 새로운 제조기술로 제조하여 지금까지 없던 새로운 성능과 용도를 가지게 된 소재로서 사무실, 주택의 시설 및 설비에 사용되고, 자동차의 부품으로 사용되어 감지기(sensor : 感知器)의 역할까지 해내는 새로운 인프라를 의미한다.

※※ 표현적 창의성은 예술과 문학 등에 관련된 창의성이고, 발명적 창의성은 과학기술의 발명과 발견 등과 같은 탐구활동에서 나타나는 창의성이며, 혁신적 창의성은 조직과 경영혁신에 관련되는 창의성을 의미한다.

따라서 컴퓨터 앞에만 앉아 있지 말고 일어서서 몸을 움직이자. 네오 아날로그 학습을 적극적으로 주도해 나가면서 세계인들이 왜 우리를 이렇게 주목하고 있는가를 알아보자. 그러면 자신의 위치와 역할을 찾을 수 있을 것이다.

제2장

7가지 미래창조 메가트렌드

요즘 우리 주변에서 사람들 사이에 오고가는 우리 사회의 부정적인 측면의 이야기만을 생각하면 우리 사회는 하루도 존속하지 못할 것 같다. 날마다 신문의 일부를 차지하는 이념논쟁, 지도층에 대한 비판, 좌파 이야기, 집단 이기주의에 의한 집단시위는 우리 사회가 폭발하지 않고 지속하고 있는 것 그 자체가 이상스러울 정도이다.

그럼에도 불구하고 세계인들은 계속해서 한국에 많은 희망과 기대를 걸고 있다. 선진국의 많은 연구소들이 경제발전에 관련된 장기예측을 할 때에는 항상 빼놓지 않고 한국의 발전 가능성을 높이 평가하고 있다.

이와 같이 선진국들은 메가트렌드 속에서 계속적으로 한국의 발전 가능성을 밝혀내고 있다. 21세기의 사회변화 속에서 한국사회가 자력(自力)에 의한 새로운 메가트렌드[28]를 창조해 가고 있음을 입증해 주고 있는 것이다. 정작 우리는 우리가 만들어 가고 있는 메가트렌드에는 무관심하다. 더욱 더 안타까운 일은 우리가 세워놓은 세계적인 실적과 기록은 인정하지 않고 항상 외국 것만을 바라보고만 있다는 점이다.

※ 메가트렌드는 거대추세나 장기추세인 동시에 대세(大勢)이며 주류(主流)를 의미한다. 메가트렌드는 내일을 만들어 가는 오늘의 세력(勢力)이다. 또 내일의 변화를 만들어내는 오늘의 씨앗이다. 메가트렌드는 분야별 다양한 트렌드를 포용하고 있다.

필자는 우리 사회가 만들어 가고 있는 메가트렌드의 실제 모습을 찾아보기 위해 많은 노력을 한 결과 "우리는 틀림없이 일류국가를 창조할 수 있는 메가트렌드를 창조해 가고 있다"는 것을 확인하였다.

이들 메가트렌드는 다음과 같이 "7가지 미래창조 메가트렌드"로 나타났다.

1. 한민족 메가트렌드
2. 가치 메가트렌드
3. 이념 메가트렌드
4. 과학기술 메가트렌드
5. 인재 메가트렌드
6. 세대 메가트렌드
7. 투 더블류 중심권 메가트렌드

위와 같은 7가지 메가트렌드는 분명히 한국사회의 무한한 미래 성장동력을 밀도 있게 포용하고 있다. 그런데 이들 메가트렌드는 무한 경쟁시대를 주도하게 될 많은 무형자산으로 구성되어 있다. 외국의 유명한 연구기관들은 이러한 우리의 무형자산을 높이 평가하고 있다.

그러나 무형자산은 정신적 자산이기 때문에 우리의 정신이 병들면 쓸모가 없게 되어 버린다. 무형자산은 깨어 있는 정신의 풍요로움 속에서만 무한(無限) 경쟁력을 갖게 된다. 지금 우리 사회에는 정신적으로 깨어 있는 사람이 많이 필요하다. 정신적으로 깨어나면 우리의 기(氣)가 다시 살아나서 우리의 무형자산이 무한 경쟁력을 갖게 만든다. 한국에는 국민들의 기가 살아나게 만드는 많은 지도자가 필요하다.

1. 한민족 메가트렌드

지금 한민족은 열린 글로벌 민족으로 성장하고 있다. 21세기는 이산성이 가장 강한 민족이 세계를 주도하게 된다. 한민족은 늦어도 2020년 이전에 세계를 움직이는 글로벌 민족으로 탄생할 것이다. 여기서 한번 생각하고 넘어가야 할 점이 있다.

왜 요즘 갑자기 우리 주변에서 민족이란 용어를 쓰는 것을 꺼려하고 있는가? 국제적인 측면에서 보면 민족의 강조는 글로벌화에 대한 역기능을 불러일으킨다. 특히 미국을 비롯한 유럽 여러 나라의 국민은 다인종으로 구성되어 있다. 그렇기 때문에 여러 민족을 통합하여 "시민"이란 브랜드를 사용하고 있다. 이런 나라에서 민족을 강조하고 민족끼리 분쟁을 일으키면 나라가 해체되어 버린다.

그런데도 이들 국가에서는 겉으로는 시민이란 이름으로 포장을 하여 민족이란 용어를 희석시키지만 내부적으로는 오히려 동양계, 동양계 중 일본계 또는 중국계 등으로 민족을 구분하여 평가한다. 실제로 이들 국가에서는 유색인종에 대한 차별이 심하였다. 지금까지 동양인들은 실제로 미국이나 유럽에서 심한 차별을 받아왔다. 동양인들이 구미사회로부터 인정받기 시작한 것은 극히 최근의 일이다.

글로벌화에 역기능을 일으킨다는 어설픈 이유 하나만으로 '한민족'이란 말의 사용을 꺼리는 일은 정말 잘못된 일이다. 어떻게 탈(脫)민족관(民族觀)이 성립될 수 있으며, 또 어떻게 민족성을 감출 수 있는가? 위험한 것은 "민족"의 사용이 아니라 경직되고 폐쇄적인 민족관이다. 특히 유럽과 중동에서 나타나고 있는 근본주의적인 민족관이 심각한 문제를 불러일으키고 있다. 이럴 때일수록 철저하게 열린 민족주의를 내세워야 한다.

한민족뿐만 아니라 모든 민족이 "열린 민족주의"(이원범, 『순국지』 2000. 3.)를 채택해야 한다. 열린 민족주의는 글로벌화를 수용하고, 민족의 다양성을 더욱 더 성숙한 단계로 끌어올리게 된다. 또 열린 민족주의는 다른 민족을 껴안으면서 상생의 길을 택하게 된다. 열린 민족은 세계평화에 기여하게 되고, 인류 행복을 추구하기 위해 적극적인 노력을 하게 된다.

최근에 국내에서도 민족을 강조하게 되면 맹목적인 통일론자나 친북세력으로 몰리기 때문에 한민족이란 용어를 사용하는 것을 꺼려 하는 사람이 있다. 이것 역시 정말 한심할 정도로 안타까운 일이며, 아주 어리석은 생각이다. 북한 주민도 미국 교포나 일본 교포와 같이 생각한다면 무슨 오해를 할 수 있겠는가? 이들 모두가 한민족이란 점을 어느 누구도 부인할 수 없을 것이다.

투철한 열린 민족관을 가지고 한민족임을 자부하면서 세계를 주도하는 열린 글로벌 민족으로 탄생해야 한다.

(1) 한민족 이산성 세계 1위

한민족은 지금 남북한을 합쳐 2004년 현재 71,348,000명(남한: 48,199,000명, 북한: 23,149,000명)이 한반도에 거주하고 있을 뿐만 아니라, 5대양 6대주로부터 적도(赤道)에서 동토(凍土)에 이르기까지 175개국에서 약 600만 명이 거주하고 있다(해외교포문제연구소, 2006).[8] 이산성이 강한 민족은 중국인, 유대인(전체 유대인의 33%만이 이스라엘 거주), 한국인, 이탈리아인, 인도인, 일본인 등의 순으로 나타났다. 한국인은 수적(數的)인 면에서 세계 제3위이지만 인구비례나 이산분포에서 보면 단연 세계 제1위에 속한다. 이와 같이 한국인은 전 세계에 거주하고 있는 데 반하여 중국인은 동남아시아와 북아메리카 지역에, 일본인은 아메리카 대륙에 집중적으로 거주하고 있다.

[8] 실제로 해외에 거주하지만 통계에 잡히지 않는 한민족을 모두 합치면 적어도 700만 명 내지 1,000만 명에 이를 것으로 보는 사람도 있다. 실제로 우리 민족은 175개국에 거주하고 있으며, 현재 태권도는 181개국에 진출해 있기(세계태권도연맹, 2006) 때문에 정확한 통계를 밝혀낸다는 것은 거의 불가능하다.

(2) 한민족 해외 이주 동기

한민족의 해외 이주 동기는 시대에 따라 다양하다. 1900년 이전의 한민족 이산의 특성은 간도와 연해주, 만주 등지로 옮아갔던 망국(亡國)의 유랑민(流浪民)이었거나 강제 이주민이었다. 다른 하나는

1903년에 하와이 사탕수수 농장으로 간 이민이 우리 정부가 인정한 최초의 합법적인 이민이었다. 1962년에 한국 정부가 이민법을 제정함으로써 우리 국민은 좋은 환경과 조건을 선택하여 자의적으로 이민을 가게 되었다.

1960년대에 들어와서 비로소 독일 등의 유럽 지역으로 이주를 했다. 특히 그 당시 독일로 취업이민을 갔던 광부와 간호사들은 직업인이 아니라 대부분이 대학졸업자들이었다(그 당시에도 대학졸업자가 많이 배출되었으나 일자리를 찾는다는 것은 하늘의 별따기나 다름이 없었다. 시골에서는 소를 팔아 등록금을 마련했기 때문에 대학을 우골탑으로 비유하면서 실효성 없는 대학교육을 비판하였다). 이들 광부들 중에는 박사학위를 취득하여 귀국하거나 특정 분야의 전문가가 되어 귀국하는 사람도 있었다. 취업이민을 갔던 광부와 간호사가 국내로 보내주었던 외화는 그 당시의 한국 경제개발에 많은 도움을 주었다.[※] 이어서 남미의 브라질과 아르헨티나 등지로 농업이민이 이루어졌다.

※ 그 당시에 우리에게는 경제발전을 위해 외화가 절실하게 필요하였다. 대학을 졸업한 젊은이들이 외화를 벌기 위해 서독으로 취업이민을 갔다. 이들이야말로 경제개발 전선의 전사와 같은 분들이었다. 그때 서독을 방문했던 박정희 대통령과 광부들이 얼싸안고 울음을 터뜨렸다는 이야기는 지금도 우리의 가슴을 뭉클하게 만든다.

1970년대부터 취업, 이민, 유학, 국제결혼 등을 중심으로 다양한 형태로 본격적인 해외 이주가 가능하게 되었다. 특히 1990년대에 들어와서는 해외 이민절차가 과거보다는 훨씬 간소화되어 새로운 이민법에 의해 쾌적한 환경 속에서 수준 높은 삶을 누릴 수 있는 호주, 뉴질랜드와 캐나다로 삶의 질을 찾아가는 새로운 형태의 이민이 시작되었다.

여기서 우리가 한번 짚고 넘어가야 할 이민사는 1953년 거제도의 반공포로 석방 때에 한국이 아닌 제3국을 택했던 반공포로들이 외국에서 성공하여 지금에 와서는 한국을 많이 돕고 있다는 사실이다.[❀❀]

❀❀ 1983년 5월에 필자는 인도 뉴델리에서 1개월을 머물게 되었다. 이때에 한국동포로부터 많은 도움을 받았다. 이분은 반공포로로 석방된 후에 인도로 건너가서 성공을 하여 인도 사회의 유지가 되어 있었다. 이때에 한국동포는 인도 내에서 단 1가구였다. 이분이야말로 조국을 위해 민간대사로서 너무나 많은 일을 하고 있었다. 나도 이으로부터 많은 도움을 받았다. 이분은 고향이 경북인데 인도를 새로운 정착지로 택했다고 하였다. 그는 1953년에 인도에 정착하면서 인도 정부에 정착금을 달라고 여러 번 찾아갔다고 하였다. 이때에 인도 정부는 이 동포에게 그 당시에 미화 3천 불을 지원해 주었다고 하였다. 그 덕분에 지금은 인도를 도우면서 인도 정부에 대한 감사한 마음을 항상 갖고 살아간다고 하였다. 이런 점에서 우리는 인도의 열린 정책을 결코 과소평가할 수 없다고 생각한다.

한국에 대한 온갖 불만을 털어놓고 과거에 김포 국제공항을 떠났던 사람들도 성공을 한 후에는 한국을 찾는다고 한다. 그리고 한국을 돕는다고 한다. 이런 점들은 우리로 하여금 우리가 애국하는 민족이라는 자부심을 갖게 만든다.

우리의 이민사는 한(恨) 맺힌 이민사라는 점을 기억해야 한다. 19세기 중엽에는 대흉년으로 인한 궁핍과 가난에서 벗어나기 위해 중국 동북지방으로 이주하였다. 이어서 한일합방 이후에는 나라 잃은 슬픔의 한을 안고 독립운동을 하기 위해 애국지사(愛國志士) 중심의 망명 이민이 이루어졌다. 또 그 뒤를 이어 만주(지금의 중국 동북지역)로 일본에 의한 한국인의 강제 이민이 이루어졌다.

그리고 19세기 중엽과 말엽에 함경도 지방의 농민들은 생계를 위한 경작지를 개간하기 위해 연해주로 이동하기 시작하여 러시아로 향한 이민행렬이 시작되었다. 이 지역은 20세기 초에 항일 의병운동의 발상지이기도 하였다. 그러나 소련은 일본인과 한인과의 내통관계를 단절시키기 위해 한민족의 강제 이주를 단행하였다. 1937년 이후부터 연해주로 이주한 한민족은 피땀 흘려 일구어 놓은 옥토를 버리고 황폐한 중앙아시아로 강제 이주를 당하였다. 이 일은 결코 잊지 못할 우리의 한(恨) 맺힌 이민사로 기록되어 있다.

우리의 지식인과 노동자들은 19세기 중엽부터 관동지진이 일어났을 때까지 일본으로 자유로운 이주를 하기 시작하였다. 그 이후 일본이 한국을 식민지화했을 때 일본에 거주하고 있던 교포들은 일본 내에서 적극적인 독립운동을 일으켰다. 그 당시 유학생들은 1919년 1월 6일 동경 간다구(神田區)에 있는 조선개신교청년회관에서 조선의 독립을 요구하는 결의문을 채택하였고, 2월에는 "2 · 8 독립선언서"를 작성하여 낭독하였다.

일본은 1932년 3월 중국 동북부에 만주국을 건설하였고, 1937년에는 중국 전역을 향한 대대적인 중국 침략을 전개하였다. 그리고 1941년에는 미국 하와이의 진주만을 공격해 태평양전쟁을 일으켰다. 이와 같이 일본은 그들이 도저히 감당할 수 없는 전쟁을 수행하면서 한반도에서 식량과 쇠붙이를 비롯한 모든 자원을 모조리 수탈해 갔다. 또 일본이 징병과 징용, 그리고 위안부로 강제 동원하여 강제로 전쟁터로 보낸 한국인의 수는 정확하게 헤아릴 수 없을 정도로 많았다.

이와 같이 1945년 이전의 한민족의 이민은 가난과 궁핍을 피하기 위해 해외로 이주하였고, 전쟁의 도구로 강제 이주를 당한 한(恨) 많은 이민사를 남겼다.

(3) 글로벌화된 한민족

지금 175개국에 거주하고 있는 한국인은 이미 세계를 움직이는 글로벌 민족으로 성장하였다. 지난 20세기에는 여러 민족을 통합하여 "민주시민"이란 이름으로 통합민족을 만들어서 교육과 선교를 위해 이산을 한 국민이 세계를 지배했다. 이 나라가 바로 미국이다.

21세기는 이산범위가 넓은 민족이 세계를 주도해 나가게 된다. 이는 네트워킹이 가능하기 때문이다. 지금 한국은 IT선진국이며, 한국인은 탁월한 네트워킹 능력을 가지고 있어 글로벌 민족으로 성장할 수 있는 조건을 이미 갖추고 있다. 현재 한국인은 세계에서 이산성이 가장 강한 민족이다.

2000년대에 접어들면서 한국인의 해외 이민과 이주는 그 전과는 전혀 다른 양상을 나타내고 있다. 보다 더 쾌적한 환경에서 삶의 질을 누리기 위해 호주, 뉴질랜드와 캐나다 등으로 이주하는가 하면, 젊은 과학자들은 선진국으로 취업 이민을 가고 있고, 중산층은 개발도상국가인 말레이시아와 남아프리카 공화국 등으로 이민을 가는 또 다른 현상을 나타내고 있다.

그리고 우리가 자부심을 가질 수 있는 일은 봉사활동을 하기 위해 해외 거주를 하는 한국인의 수가 점점 늘어가고 있다는 것이다. 이들의 봉사활동은 의료봉사활동으로부터 교육훈련을 위한 봉사활동, 가난을 구제하기 위한 봉사활동, 정보 인프라 구축을 위한 봉사활동을 하고 있으며, 그리고 체육과 문화 · 예술분야의 지도자로 해외 이주를 하고 있는 것으로 나타나 있다. 특히 해외 선교활동은 세계 어느 민족도 따라올 수 없을 정도로 활발하게 이루어지고 있으며, 지금도 불교, 개신교, 원불교의 해외활동은 계속해서 확산되고 있다.

최근의 조기 유학 붐에 따른 "기러기 아빠"는 한때 이산가족, 언어의 정체성, 외화 유출 등을 놓고 우리 사회 일각에서 열띤 논쟁거리가 되었다. 조기 유학에도 긍정적인 면과 부정적인 면이 있다. 우리는 긍정적인 면을 바라보는 시각을 가져야 한다. 한국이 산업화를 빨리 성취한 것도 국가의 정책적인 투자에 의해 계획적으로 양성된 인재가 아니라, 우리 국민들 중에서 뜻 있는 사람들이 자력(自力)으로 선진국으로 유학을 가서 각고의 노력 끝에 학업을 마치고 귀국한 인재들이 산업화 성취에 많은 기여를 하였기 때문이다.

고금동서(古今東西)를 막론하고 한 나라의 국민이나 한 민족이 해외에 얼마나 진출해 있느냐가 한 국가의 국력을 평가하는 기준의 하나이다. 예를 들면 영국과 프랑스를 비롯한 유럽의 많은 선진국 국민들은 19세기 초부터 적극적으로 세계 여러 지역으로 해외 진출을 하여 20세기에 강대국이 되었다. 제2차 세계대전 패전국이었던 일본과 이탈리아까지도 강력한 해외 이민정책으로 국가발전의 활로를 다시 찾아 오늘의 선진국으로 군림하고 있다.

우리나라는 부존자원이 부족할 뿐만 아니라 국토 면적이 좁다는 점을 고려한다면 한민족의 해외 이주는 국가발전의 활력소이다. 지금 전 세계의 모든 지역에 거주하고 있는 한민족이 고국의 정치적·경제적 발전과 문화발전에 크게 기여하고 있는 것은 그 어느 누구도 부인할 수 없다. 특히 가난과 무학(無學)이라는 어려운 상황 속에서도 다음 세대를 위한 삶의 터전을 닦아놓은 이민 제1세대의 훌륭한 업적은 우리의 이민사(移民史)에서 높이 평가되어야 한다.

(4) 한민족 글로벌 잠재력

지금 한민족의 글로벌 잠재력은 지구촌 사회의 175개국에서 형성되고 있다. 광복 이후 태권도 사범들이 태권도를 가지고 해외진출을 하였다. 지금은 한국 태권도가 181개국(세계태권도연맹, 2006)에 진출해 있다. 이를 따라 한국인의 해외 이주가 시작되어 취업이민과 국제결혼이 그 뒤를 따랐다. 또 한민족의 이동을 따라 한국의 김치와 고추장이 해외로 진출하여 김치와 고추장도 글로벌 잠재력을 가지게 되었다.

우리의 종교계도 한민족의 잠재력을 과시하고 있다. 우리나라에 전래된 순서에 따라 불교, 가톨릭, 개신교의 활약을 살펴보면 다음과 같다. 우리나라는 교화활동을 하기 위해 해외에 가장 많은 스님을 파견하는 나라이다. 가톨릭의 경우 로마교황청은 아시아 선교를 아예 한국에 맡겨버렸다. 한국 가톨릭은 한국 외방선교회를 통해 이 임무를 담당하고 있으며, 현재 아시아(중국, 대만, 캄보디아), 오세아니아(파푸아뉴기니), 러시아, 아프리카(모잠비크)에서 선교활동을 하고 있다. 뿐만 아니라 원불교도 해외 교화활동에 적극적이다.[33]

[33] 한국의 해외 파견 선교사 수는 수적 규모에서는 세계 2위이며, 인구비례로 보면 세계 1위이다. 2004년 현재 미국 6만 4,084명, 한국 1만 4,086명, 영국 8,164명, 캐나다 7,001명으로 나타났다(한국세계선교협의회, 2006. 5). 불교도 이미 1985년에 10여 개국에 75개의 한국 사찰을 세웠으며, 83명의 스님이 파견되었다. 2004년 11월 30일에 입적하신 숭산 스님은 미국, 유럽, 남미와 아프리카 등의 30개국에 120개의 선원을 세워 불교의 세계화를 성취하였다. 또 현각, 무량 스님과 같은 외국인 제

자도 길러냈다. 원불교는 17개국에 52개 교당을 세웠으며, 120명의 교역자(유학생 포함)가 해외 교화활동을 펼치고 있다(원불교, 2006).

1980년대는 개신교가 국내 성장기를 지나면서 개신교인들은 적극적인 해외 선교활동을 전개하기 시작하였다. 한국은 지금 세계에서 가장 많은 목회자를 양성하고 있고, 인구비례로 볼 때 해외에 가장 많은 선교사를 파견하는 나라가 되었다.

특히 2002년 한일월드컵이 개최되었을 때 붉은 악마의 응원이 글로벌화된 것도 175개국에 거주하고 있는 한민족이 뒷받침하고 있었기 때문이었다.

우리는 지금 일본과 중국을 비롯한 아시아 지역에서 일고 있는 한류(韓流)가 미국 뉴욕에 상륙하기를 기대하고 있다. 이와 같은 한류 글로벌화의 시작을 기대할 수 있는 이유는 백남준의 전위 첨단예술과 김덕수의 사물놀이가 우리의 정신문화 세계를 이미 해외에 알려놓아 한류에 대한 거부감이 없기 때문이다. 또 그 뒤에는 많은 우리 동포가 거주하고 있기 때문이고, 앞으로 175개국에 거주하고 있는 우리 동포들은 한류를 비롯한 우리의 정신문화를 글로벌화시키는 데 크게 기여할 것이다.

현재 우리의 많은 인재들이 글로벌 인재로 활동하고 있으며, 또 많은 인재들이 해외에서 공부하고 있다. 교육인적자원부, 미국 국제교육연구소, 호주와 중국 등의 교육 관련 통계자료(2003-2005년 발표 통계자료)를 참고해 보면 우리의 많은 젊은이들이 해외에서 글로벌 인재로 성장하고 있음을 알 수 있다.

미국에 거주하고 있는 한국인 학자 및 전문가 수는 약 8,301명(미국의 외국 학자와 전문가 수는 총 8만 9,000명)으로 중국 (1위 : 1만 7,000

명)에 이어 2위를 기록하고 있다. 또한 전 세계에서 활동하고 있는 한국인 과학자 수는 약 2만 명에 이르는 것으로 추정하고 있다.

우리나라 전체 유학생 수는 1999년에 10만 9,077명, 2004년에 18만 7,000명이며, 이 중에서 미국 유학생 수는 2004–2005년에 5만 3,358명(수적 규모 3위, 인구비례 1위)에 이른다. 한국 학생의 중국 유학생 수는 2004년 3만 6,093명(총 중국의 외국 유학생 8만 5,829명)으로 1위를 차지하고 있고, 한국 학생의 호주 유학생 수는 2004년 2만 2,159명(일본 1만 8,987명)으로 2위를 차지하고 있다. 이뿐만 아니라 많은 학생들이 캐나다와 뉴질랜드에도 유학을 하고 있으며, 영국을 비롯한 유럽 여러 나라에도 유학을 가고 있다. 심지어 필리핀의 명문대학교에도 한국 학생들이 유학을 가기 시작하였다. 말레이시아의 국제고등학교에서는 한국 유학생이 50%를 차지하고 있다고 한다.

한국의 조기 유학생(초중고) 수는 1999년 1,839명, 2001년 7,944명, 2002년 1만 132명, 2003년 1만 498명, 2004년 1만 6,446명(전체 학생의 0.21%), 2005년 3만 5,144명에 이르고 있다.

현재 한국은 세계에서 가장 많은 유학생을 해외에 보내고 있어 세계 도처에서 한국의 글로벌 인재들이 성장하고 있다. 이렇게 우리 학생들이 세계 각국으로 유학을 갈 수 있는 것도 175개국에 우리 동포가 거주하고 있기 때문이다.

해외동포야말로 대한민국의 영원한 후원자이다. 이들은 한국의 산업화와 민주화를 위해 꾸준히 노력해 왔다. 국경 없는 무한 경쟁시대에 우리 해외동포가 한국 경제에 기여해 온 정도는 실로 막대하다. 바로 모국과 해외동포들과의 상품과 자본교류는 무역수지와 자본수지에 많은 영향을 미치고 있다. 또 해외동포는 모국의 수출입선을 다

변화시키고 해외의 최신 정보는 물론 신지식과 신기술을 모국에 이전시킨다. 특히 해외동포는 모국상품의 대외교역 확대에 첨병역할을 해내게 된다.

지금까지 해외동포의 모국방문은 모국의 여행수지 변화를 가져왔고, 해외동포가 모국에 보낸 개인 송금은 경제성장의 밑거름이 되어왔다. 또 조국이 위기에 처할 때마다 해외동포들은 아낌 없는 도움의 손길을 보내왔다. 지난 외환위기 때에도 해외동포들은 조국의 금모으기 운동에도 적극적으로 참여하였다.

(5) 한민족 북한 개발 네트워크

우리는 북한의 성장과 발전을 위해 지금부터 과감하게 감상적이고 경직된 민족관에서 벗어나야 한다. 글로벌 한민족은 폭넓은 개념 속의 신사고를 토대로 하여 보다 더 실질적으로 북한 개발 프로젝트를 현실화시키는 일에 적극적이어야 한다.

북한의 개발이 늦어지고 북한 주민과 북한의 어린이가 굶주리면 그만큼 통일 후 우리의 국력을 감소시키는 결과를 가져오게 된다. 그러므로 한민족 네트워크 속에서 북한을 개발할 수 있는 체제를 빨리 구축해야 한다.

우리는 지금부터 형식적인 구호에 불과한 통일이란 용어를 되풀이하는 것보다는 북한을 개발하는 데 주력해야 한다. 하루 속히 북한을 완전개방 체제로 전환시켜서 남쪽의 기업과 재미동포와 재일동포 등을 포함한 모든 해외동포들이 북한 개발에 주력한다면 북한의 발전은 훨씬 더 빨라질 것이다. 북한이 개발되면 통일도 역시 더 가까워질 것임은 두말할 필요도 없다. 통일이 되더라도 대한민국 국민들의 삶의 질이 크게 희생되지 않는다는 확고한 신념을 가지고 있을 때 통일이 가능해진다.

하루 빨리 우리는 낭만적인 통일관에서 탈피해야 한다. 삶의 질을 희생하겠다는 각오도 없이 통일을 외치는 사람이나 진보적인 생각을 가지고 있으면서도 북한에 거주하기를 원치 않는 사람의 통일관이야말로 허무맹랑한 것이다.

지금부터 남북통일 논의보다는 오히려 한민족 글로벌 체제 속의 북한 개발 프로그램을 세우고 그 실천방안을 구체적으로 논의하는 일을 적극적으로 해나가야 한다. 그렇게 하기 위해서는 남북한 정치 지도자가 보다 더 진실해지고 냉정해져야 한다.

(6) 한민족 글로벌 네트워크

우리는 지금 당장 한민족 글로벌 네트워크화를 실천에 옮겨야 한다. 그리고 한민족 글로벌 네트워크를 통해 세계를 움직여 나가야 한다. 3 · 1운동과 2002년 한일월드컵 때 나타난 글로벌화된 응원을 글로벌화를 위한 성공적인 역사적 업적으로 삼아야 한다. 이 시점에서 우리는 해외 거주 인도인의 네트워크화를 추진하고 있는 인도의 발빠른 움직임을 주의 깊게 살펴볼 필요가 있다.

세계은행(2005)이 수행한 연구 보고서에 따르면 인도의 해외동포 네트워크화는 점점 강화되고 있다. 1960년대에 미국으로 이주하기 시작한 많은 인도 출신 엔지니어들이 지금은 미국에서 기업가나 벤처 캐피탈리스트, 또는 대기업체와 중소기업체의 임원이 되었다.

이들 전문 직업인들 중에서 많은 사람들이 인도로 돌아가서 창업을 하였고, 또 이들은 미국에서 자신이 근무했던 회사에게 인도의 IT 전문가를 고용하도록 요청하기도 했다. 이러한 일들로 인해 인도의 인재들이 알려지기 시작하여 인도 해외동포 네트워크를 강화하는 결과를 가져왔다. 미국 대기업의 임원으로 근무하고 있는 인도의 IT 전문가들은 아웃소싱에서 인도에 우호적인 결정을 내리도록 영향력을 행사해 왔다.

우리 법무부 출입국 정책추진단(세계이민동향, 2005. 5.)에 의하면 인도인 동포 네트워크는 앞으로 첨단 지식산업 분야에서 다음과 같이 중대한 역할을 하게 될 것으로 보고 있다. 첫째, 인도 동포 네트워크는 지식의 공유와 선진사례를 중심으로 더욱 더 조직화된 기반을 인도인들에게 제공할 것으로 전망하고 있다. 둘째, 인도에 대해 편향적이라는 인식을 하지 않게 다른 저비용국가와 비교해서 인도 산업의 브랜드 가치를 높여줄 것으로 전망하고 있다. 특히 미국에 있는 인도 계열의 캐피탈리스트는 인도 현지 후방사업을 갖고 있는 인도 회사에 적극적인 재정지원을 하고 있어 이들 회사는 R&D 비용을 절감하게 될 것으로 보고 있다. 또한 계속 늘어나고 있는 인도 동포 네트워킹은 미국 내의 인도 동포 회사와 인도 국내의 기업가 조직을 보다 더 강력하게 결속시킬 것으로 전망하고 있다.

우리도 보다 적극적인 한민족 네트워크화를 실천해 나가야 한다. 인도의 경우는 미국과 동남아에 제한적으로 거주하고 있으나 한민족은 175개국에 거주하고 하고 있어 그 잠재력은 실로 무한하다.

세계 이민사를 보면 미국은 여러 민족의 이민을 받아들여 세계

초강국으로 성장하였다. 아직까지도 미국은 이민자를 위한 기회의 땅으로 인식되고 있다. 그 뒤를 이어 호주, 캐나다와 뉴질랜드가 이민정책을 통한 부국(富國)을 기대하고 있다. 이와는 다른 유형으로 이미 이탈리아와 일본은 제2차 세계대전 패전의 상처 속에서 해외이민을 통한 국가발전의 활력을 찾아 지금은 선진국 대열에서 국제적인 리더십을 발휘하고 있다.

최근에 모범적인 개발도상국가로 인정받고 있는 말레이시아와 남아프리카 공화국은 몰려오고 있는 이민자들 때문에 즐거운 비명을 지르고 있다. 필리핀과 베트남 등의 경우 해외 거주자가 고국에 보내는 개인 송금액의 증가는 이들 국가의 경제개발에 활력을 제공하고 있다고 한다.

이와 같이 다양한 이민의 속성에 따라 한국도 외국으로부터 이민을 받아들이는 데도 더욱 더 긍정적이고 적극적인 정책을 펼쳐야 한다. 특히 동아시아 지역의 우수한 인재를 확보하기 위한 이민정책도 필요하다.

이와 같은 것을 종합해 보면 한국은 충분히 글로벌 지구촌 사회에서 세계를 움직이는 글로벌 리더십을 발휘할 수 있는 잠재력을 갖고 있다. 현재 한국은 한민족 벤처협회 설립 등 한민족 네트워킹을 추진하고 있다.

우리는 한민족 글로벌 잠재력을 성장동력으로 활용해야 한다. 또한 자발적인 봉사활동을 통한 한국인의 글로벌화를 성취해야 한다. 이러한 봉사 중심의 글로벌화 정책은 지금까지 선진국이 정치적 목적이나 단순한 국력의 신장, 또는 정보수집 차원에서 했던 봉사활동과는 그 차원을 달리하는 것이다.

지금까지의 봉사활동은 국제적으로 비정부단체(NGO)와 비영리단체(NPO)의 봉사활동에 의존하고 있었다. 그 영역은 빈곤, 의료, 구조, 개발, 환경, 여성, 문화, 예술, 교육 등이다.

우리나라는 86아시안게임, 88서울올림픽, 장애인 올림픽 개최 등을 계기로 자원봉사에 대한 국민들의 관심이 높아졌다. 1991년에 한국자원봉사단체협의회가 출범하여 청년봉사단을 조직하고 봉사단을 외국에 파견함으로써 우리나라도 자원봉사의 글로벌화에 합류하게 되었다. 이어서 1994년에는 한국국제봉사기구(KVO : Korea International Volunteer Organization)를 발족하여 볼리비아 정글 무료병원 운영, 태권도장 운영, 캄보디아 등에 의료진 파견, 구호품 지원, 아프리카 난민지원 등을 해왔다. 또한 한국국제협력단(KOICA : Korea International Cooperation Agency)이 1991년에 발족하여 개발도상국에 우리나라의 경제발전 경험을 전수하고 여러 가지 물적 · 인적 지원사업을 하고 있다.

2002년에는 재외동포 한민족한상대회가 개최되었다. 이 대회는 재외동포 기업인들의 비즈니스 네트워크 구축과 국내외 동포들 간의 상호 교류를 통해 실질적인 한민족 비즈니스의 장을 마련하고, 궁극적으로는 600만 재외동포와 기업인들을 국제적 자산으로 승화시킬 목적으로 개최되었다.

이와 같이 우리는 한민족 글로벌 네트워크화의 절실함을 깨닫고 있다. 또 과거와는 달리 세계를 위해 봉사할 수 있다는 자신감을 갖게 되었다. IT선진국이 되었기 때문에 어느 나라도 따라올 수 없는 네트워킹을 구축할 수 있는 능력을 가지고 있다.

지금까지 선진국이 해온 방식을 탈피하여 봉사와 문화 중심의 네트워크화를 추진하고, 최근에 성장의 리듬을 탄 중국과 인도의 경제 일변도의 차원을 초월하는 글로벌 네트워킹을 창안하여 실천해 나가야 한다.

(7) 코리안 글로벌 파워

우리의 글로벌 잠재력은 세계를 껴안을 수 있다. 해외에 거주하는 한민족은 지금부터 자부심을 가지고 한민족끼리 서로 다투고 갈등을 유발시키는 일을 하지 않아야 한다. 이제는 한민족의 프라이드가 요구되는 때이다. 지금부터 우수한 IT기술을 활용하여 한민족 글로벌 네트워크화 작업을 가능한 빨리 실천해야 한다.

● 이산의 잠재력이 본격적인 성장궤도에 오른다

2020년에 한민족의 이산범위는 현재의 175개국에서 200여 개국으로 확산될 것이다. 한민족이 현재 지구촌 사회에서 이동하고 있는 영역은 이미 226개 지역에 이르고 있다. 또 지금 181개국에 진출해 있는 태권도는 200여 개국 이상의 나라에 진출할 것이다. 한민족의 해외 거주자 수는 2020년에 약 1천만 명에 이를 것으로 추정할 수 있다. 또 한국 국내 체류 외국인 수도 전체 인구의 약 10%에 이를 것으로 추정해 볼 수 있다.[33]

㉝ 현재 대한민국 거주자 50명 중 1명이 외국인이며, 국내 체류 외국인 수는 2006년에 100만 명을 넘어설 것으로 보고 있다. 지난해 말 74만 여 명(중국인 32만 1,406명, 미국인 10만 8,973명, 베트남인 4만

3,320명, 일본인 3만 8,672명, 기타 24만 9,851명)에 이르고, 2006년 3월말 현재 80여 만 명에 이르고 있다(한국일보, 2006. 4. 16.) 또 농어촌 결혼 남성의 35.9%가 외국인 배우자를 맞았다(2006. 3). 외국인의 한국 국적 취득자 수도 2005년에 1만 6,974명에 이르는 것으로 나타났다(법무부 출입국정책추진단, 2006).

● 한국인의 글로벌 능력이 성숙된다

2020년에는 전 국민의 50% 이상이 영어를 비롯한 외국어에 능통하게 되고, 국민의 50% 이상이 해외 거주 경험을 가지게 되며, 또한 90% 이상이 해외여행 경험을 가지게 되어 명실상부한 글로벌 능력을 가지고 글로벌화를 실천해 나갈 것이다. 또 국민의 25% 이상이 해외 유학을 경험하게 되어 많은 글로벌 인재들이 글로벌화의 주역으로 중요한 역할을 하게 될 것이다.

● 한글이 세계 공용어로 채택된다

2020년에는 한글이 세계 공용어로서 자리잡게 될 것으로 예측된다. 한국인들이 영어를 비롯한 외국어 능력을 충분히 갖추게 되면 이는 바로 한글을 세계 언어로 공용화시킬 수 있는 능력을 갖추게 되는 것이다. 김치를 비롯한 한국 음식의 글로벌화와 한국 문화의 글로벌화는 한글을 세계 공용어로 진입시키는 데 결정적인 역할을 하게 될 것이다.

● 전통문화의 글로벌화가 시작된다

2020년까지 한국 전통문화의 글로벌화가 이루어질 것이다. 한국이 성취한 세계 제일의 디지털 문명과 디지털 기기는 우리 전통문화의 해외진출을 더욱 더 가속화시킬 것이다. 우리는 여러 가지 측면에서 그 가능성을 가지고 있다. 이미 우리의 글로벌 인재들이 성악, 기악, 지휘 등의 현대음악 활동에서 우수한 능력을 발휘하여 한민족의 탁월한 예술성을 전 세계인들에게 확인시켜 주었다. 그 뒤를 따라 사물놀이와 백남준의 첨단 전위예술이 한민족의 심오한 문화가치를 알렸다. 이러한 과정을 거치면서 자연적으로 세계 속에서 우리의 글로벌 문화 트렌드가 만들어져 가고 있다. 이러한 토대 위에 우리 젊은이들의 대중예술과 한국 영화가 해외로 진출하게 된 것이다(특히 젊은이들은 선배들의 공적을 높이 평가해야 하고, 끊임없는 노력을 해야 한다).

2020년 이전에 또 다른 차원의 우리의 정신문화가 글로벌 문화 시장을 석권하게 될 것으로 예측된다. 바로 우리의 심오한 전통문화의 글로벌화이다. 예를 들면 기미독립선언서와 천부경 등이 대합창 교향곡[⑱]으로 작곡되어 뉴욕과 유럽에서 콘서트를 개최하게 될 것이며, 유관순의 일대기가 오페라로, 그리고 팔만대장경과 삼국유사가 세계 최장 오페라로 세계를 누비게 될 것으로 예측된다.

⑱ 경희대학교 옥길성 교수는 이미 기미독립선언서와 천부경을 대합창 교향곡으로 작품을 완료하였고, 기미독립선언서는 초연을 한 바 있다. 그리고 이어서 팔만대장경이 세계 최장 오페라로 등장할 가능성이 높다.

한민족 메가트렌드는 학문, 과학기술, 문화, 예술, 스포츠와 봉사

영역에서 강력한 글로벌 파워를 창조해낼 것이다. 이를 위해서는 다음과 같은 코리안 글로벌 봉사연합과 코리안 글로벌 문화연합을 창립해야 한다.

● 코리안 글로벌 봉사연합(Korean Global Volunteer Union)

우리는 정보수집 중심의 선진국의 방식과 금융 일변도의 친디아(Chindia : 중국과 인도)의 차원을 뛰어넘어 순수한 봉사활동을 위한 한민족 네트워킹을 창조해야 한다. 175개국에 거주하고 있는 한민족과 국내의 우수한 고학력 인재들을 중심으로 의료, 교육과 훈련, 개발, IT 분야 자문활동 등 다양한 글로벌 봉사활동을 지원할 수 있는 효율적인 네트워킹을 창안해야 한다. 이런 일을 통해 세계 속의 그늘진 곳을 줄여나가면서 실질적인 세계평화를 위한 도움을 제공해 나가야 한다.

● 코리안 글로벌 문화연합(Korean Global Culture Union)

문화는 인간에게 한없는 즐거움을 제공한다. 기아선상에서 허덕이는 민족에게는 문화란 거추장스러운 누더기처럼 느껴진다. 그러나 기아에서 벗어나서 앞을 바라보는 정신력을 갖추는 순간 목마른 사슴이 우물을 향해 달리듯이 문화를 갈구하게 된다.

그런데도 개발도상국이나 저개발국에서 많은 문화재와 유적들이 소실되고 있고, 또 서구 중심의 가치관에 의해 이들 국가의 문화가치가 과소평가되고 있다. 우리는 이들 국가들의 문화재와 문화유적들을 보호하고, 이들 국가들의 문화가치를 정당하게 평가하는 일을 하기 위한 글로벌 문화 봉사대를 만들어야 한다.

따라서 코리안 글로벌 봉사연합과 코리안 글로벌 문화연합은 세계평화를 이룩하고 인류 보편적 가치창출과 다양성을 조화시키는 작업을 해내야 한다. 또한 우리의 숙성문화를 가지고 동서양의 문화를 융합하는 역할도 해내야 한다.

2. 가치 메가트렌드

2000년을 넘어서면서 가치이동의 대전환기를 맞이하고 있다. 한반도로부터 중국과 인도차이나 반도, 그리고 인도로 연결되는 새로운 개발벨트는 21세기 아시아 가치를 부상시키고 있다.

우리는 지금 급격하게 전개되는 가치이동의 순환과정 속에서도 한미우호(韓美友好) 관계를 이전보다도 더욱 더 강화하여 한일관계(韓日關係)와 한중관계(韓中關係)를 풀어나가는 지혜를 발휘해야 한다. 이러한 외교정책은 최소한 2020년까지 유효할 것으로 전망된다.

가치이동은 새로운 가치 패러다임과 가치 생태계를 탄생시키고 있다. 2000년을 지나면서 아시아 지역에서 나타나는 새로운 가치변화는 미국 중심 가치사슬에서 벗어나는 현상이다. 1945년부터 지금까지 가치 생태계는 서구 가치 중심으로 형성되어 왔다. 특히 미국 가치 중심 가치 패러다임으로 일관되어 왔다. 그러나 지금 한국, 싱가포르와 말레이시아 등에서 가치 일탈현상(逸脫現象)이 나타나고 있다.

(1) 아시아 가치 부활

미국 가치 패러다임은 자유민주주의, 자본주의, 실용주의 등으로 구성되었다. 아시아 가치와 유교 가치는 지난 50년(1945-1995년) 동안 미국 가치의 그늘에 가려져서 우리의 관심 밖으로 밀려나 있었다. 우리 역시 지금까지 단단한 미국 가치사슬 속에서 빠져나올 생각조차 하지 못했다. 미국 가치는 지금까지도 아시아 지역의 경제발전을 위한 원동력이 되고 있기 때문이다.

자유민주주의와 실용주의는 지금도 아시아 지역에서 경제성장의 기본 동력이 되고 있다. 자유민주주의는 이들 지역의 민주화에 기여하면서도 고도 경제성장을 펼쳐나가는 개발독재를 끊임없이 괴롭히는 이율배반의 모순을 낳기도 하였다.

한국은 세계에서 가장 빠르게 산업화를 성취하였다. 이를 위한 수단으로 강력한 개발독재가 필요했다. 그러나 우리는 엄청난 희생의 대가를 치르지 않으면 안 되었다. 또 한국은 민주화도 아시아 지역의 다른 국가들보다는 빨리 성취하였다. 우리는 결코 그 누구도 해낼 수 없는 경제성장과 민주화라는 "두 마리 토끼"를 한꺼번에 잡은 셈이다. 이 과정에서 결국 많은 사람들이 희생되지 않을 수 없었다.

한국과는 달리 싱가포르는 소규모 도시국가이긴 하지만 한 방울의 피도 흘리지 않고 이미 선진국 수준에 도달하였다. 특히 1980년대 초부터 지금까지 성장 중심의 개발독재 기간을 성공적으로 거친 말레이시아는 산업화된 개발도상국가로서 아시안 내의 선진국으로 자리를 잡았다.

한국은 다양한 종교와 다양한 민족으로 구성된 말레이시아가 공통가치 실현을 통해 성장을 이룩한 점을 본받아야 한다. 한국사회는 혼돈과 갈등의 수렁에서 빠져나오지 못하는 경우가 너무나도 많다. 그리고 말레이시아는 1980년대부터 한국의 모형을 철저하게 도입하여 발전의 동력으로 활용하면서도 특별한 부작용이 없었다는 점도 한번 연구해 볼 필요가 있다.㊳

㊳ 1987년에 필자가 중등교육 개혁평가 유네스코 모바일 팀으로 말레이시아를 방문했을 때 말레이시아는 한국의 교육과정은 물론 국민교육헌장까지 모방하여 사용하고 있었다. 우리는 우리가 사용했던 국민교육헌장은 국수주의적 권위주의의 상징이란 비판을 받아 지금은 용도폐기처분 상태에 있다. 그러나 말레이시아는 공통가치 실현을 위한 노하우로 활용하고 있었다. 그후 1991년에 말레이시아를 방문했을 때 내무부와 교육부 직원들은 말레이시아는 한국에서 가져올 것 다 가져왔다고 하면서 이제는 말레이시아의 발전만이 남았다고 하였다.
1991년 여름에 중국 교육위원회 주최 국제학술회의에 참가하여 청화대학교(清華 大學校)에서 학술 강연을 마치고 청화 대학교의 실험실을 둘러보던 순간에 깜짝 놀랄 일을 발견했다. 복도에 꽃병, 스승의 사진과 업적 등을 쓴 내용들을 걸어두고 향로에 향을 피우고 있었다. 바로 이것이 중국식 스승의 날 행사였다. 필자가 감명 깊은 일이라고 칭찬을 했더니 우리를 안내하던 청화 대학교 교수는 나를 쳐다보면서 한국에서 가져온 스승의 날 모델이라고 설명하였다. 미국과 영국 등 여러 나라에서 온 학자들은 부러운 듯이 나를 쳐다보았다. 그런데 지금 한국은 선물과 돈봉투 바람에 스승의 날에 휴교까지 한 상황에 까지 이르게 되어 실로 안타까운 일이 아닐 수 없다.

지금까지 싱가포르와 말레이시아에서 미국 가치와 아시아 가치는 항상 충돌을 빚어왔다. 가치충돌이 있을 때마다 미국과 서구 사회는 항상 미국인과 서구인의 눈높이로 바라보면서 아시아 가치를 평가절하하였다. 그러나 지금은 문화적인 측면에서 미국 가치와 아시아 가치가 많은 충돌을 빚으면서 미국 가치가 점점 퇴색되고 있다.

그리고 아시아 가치는 부활(復活)하고 있다.

(2) 잘못 인식된 반미감정

지금 한국을 비롯해 아시아에서 일고 있는 가치선택의 변화를 놓고 이를 반미(反美)성향으로 보는 것은 과거지향적인 발상이다. 미국은 지금 아시아인의 가치선택에 따른 아시아인의 마인드 변화를 성의 있게 읽을 필요가 있다. 적어도 1990년대 이전까지만 해도 한국을 비롯한 아시아인들은 근대화 가치(近代化 價値)와 선진 가치(先進 價値)를 미국 가치와 동일하게 인식해 왔다. 쉬운 말로 표현하면 아시아인들은 "미국 것은 모두 우수하고, 미국 사람은 무조건 훌륭하며, 미국식 방법을 선택하면 경제가 발전하고, 무조건 잘 살고 행복할 것"이라는 미국식 맹신자들이었다. 이러한 마인드는 주로 이들 지역의 기성 세대들의 성향이었다.

그러나 미국은 지금 무엇인가를 혼돈하고 있다. 미국이 한국을 비롯한 다른 아시아 국가들을 위해 많은 경제적 지원을 하였는데도 불구하고 오히려 반미감정이 일고 있다고 만족스럽지 않게 생각하고 있다. 또 어떤 경우에는 실망의 뜻을 내비치기도 한다. 이러한 현상을 일으키는 근본적인 이유는 바로 반미가 아니라 가치선택의 변화이다. 일부 아시아 지역에서는 근대화, 선진화와 행복 등을 미국 가치에 일치시켜 오다가 지금은 눈을 돌려 자국(自國)의 가치(價値)를 바라보고 자기 나라의 가치를 존중하는 일대 변화를 가져오고 있다. 아시아인의 가치선택 변화를 반미(反美)로 보는 것은 바로 미국식 전통적 권위주의로부터 나오게 된다. 즉 미국의 전통적 가치에 배치되는 가치선택을 미국의 권위에 대한 도전으로 보는 것이다.

미국의 원조는 기아선상에서 허덕이는 한국을 비롯한 아시아인들의 배고픔을 해결해 주었고, 경제개발을 펼쳐나갈 수 있는 활력을 불어넣어 주었다. 그렇기 때문에 기성 세대들은 항상 자신이 미국 사람 옆에 서면 자신이 계속 작아지고 있다는 느낌을 갖는다. 또 이들은 젊은이들이 항상 미국에 대해 감사한 마음을 갖기를 바라고 있다.

그러나 젊은이들은 미국의 원조로 배고픔을 달랜 경험이 없다. 단지 부모 세대로부터 들어서 알게 되었을 뿐이다. 이들은 또 미국 사람 옆에 서서 결코 자신이 작아지기를 원하지 않는다. 같아지거나 오히려 미국 사람보다 커지려고 한다. 이러한 변화가 젊은이들에게는 아무렇지도 않은 일인데, 이들의 부모 세대와 미국의 입장에서는 충격적인 일로 받아들여지고 있다. 젊은이의 가치선택의 변화를 본 부모 세대는 젊은 세대가 마치 미국에 대해 축구경기에서 레드카드를 받을 수 있는 것과 같은 큰 잘못을 저지른 것처럼 취급해 버린다.

21세기 사회는 오늘의 X세대(지금의 30대)와 닷컴 세대(지금의 20대)가 펼쳐나갈 세상이다. 이들은 2040년까지 21세기 사회를 끌고 가게 될 중추세력이다. 그렇다면 우리는 젊은이들의 가치선택을 존중해야 한다. 특히 이들 젊은이들은 부모 세대처럼 가치편식을 하지 않는다. 자국의 가치나 미국 가치 중 어느 한쪽에 지나치게 편중되지 않으며, 그들 나름대로 가치선택 기준을 가지고 있다.

지금부터 기성 세대와 미국은 한국을 비롯한 아시아 국가들의 젊은이들을 "반미감정(反美感情)"이란 사슬로 묶지 말아야 한다. 미국과 한국의 기성 세대들은 오히려 이들 젊은이들이 자유로운 가치선택을 하고 페어플레이를 하면서 그들 나름대로의 행복을 누릴 수 있는 새로운 활동의 장을 마련해 주어야 한다.

지금 한국의 젊은이들은 자신의 가치를 선택하고 있다. 이러한 가치이동으로 인해 한국과 미국이 절대로 소원(疏遠)한 관계가 되어서는 안 된다. 우리는 진지하게 가치이동 현상을 이해하면서 더욱 더 발전적인 협력체제를 구축해야 한다.

(3) 맥월드와 투 더불월드

맥월드(McWorld)는 곧 글로벌 햄버거 문화를 의미한다. 투 더불월드(WWWorld)는 투 더블유권의 정신문화를 의미한다. 맥월드와 투 더불월드는 가치이동을 나타내고 있다.

● 맥월드의 글로벌화

미국은 맥월드를 통해 인류의 동질성을 확보하려고 노력해 왔다. 사실상 햄버거는 전 세계의 젊은이들을 미국화시키는 데 어느 정도는 성공한 셈이다. 특히 햄버거 문화를 통해 동양의 젊은이들은 인스턴트 문화에 친밀해졌으며, 그로 인해 인스턴트 문화를 즐기게 되었다.

위와 같은 현상을 보고 미국은 전 세계의 인류가 동질적인 맥월드를 형성하게 될 것이라고 믿었던 것이다. 몇 년 전만 해도 이러한 믿음은 충분히 가능했으리라고 본다. 미국식의 인스턴트 식품들이 전 세계적으로 폭발적인 인기를 얻고 있었기 때문이다. 그러나 요즘에 와서 이러한 발상에 대한 비판이 일고 있다. 이제 햄버거는 그전과는 달리 인기가 높지 않는 식품이 되어버렸다. 아니, 오히려 햄버거는 비만과 성인병의 주범으로까지 비판받고 있는 실정이다.

인그레하트(Ronald Inglehart)와 베이커(Wayne E. Baker)는 다음과 같이 맥월드를 비판하고 있다.[33]

[33] 인그레하트와 베이커는 4개의 가치 축을 설정하여 전통적 가치에 대한 현대 가치의 도전현상을 밝혀냈다. 우리는 이들의 연구결과에서 21세기를 끌고 갈 새로운 가치를 탐색해 볼 수 있다(Ronald Inglehart and Wayne E. Baker E., Who's Afraid of Ronald McDonald?", *The Futurist*, March–April, 2001, pp. 16–21).

인류가 동질적인 맥월드를 형성하게 될 것이라는 생각은 망상에 불과하다. 전 세계에 설치되어 있는 맥도날드 레스토랑은 표면상으로는 동일한 것이지만, 실질적으로는 서로 다른 문화권 내에서 서로 다른 문화적 의미를 가지고 있다. 또 서로 다른 기능을 한다. 일본에 있는 맥도날드 레스토랑에서 식사를 하는 것은 미국이나 유럽, 중국, 한국, 브라질, 남아프리카공화국에 있는 맥도날드 레스토랑에서 식사를 하는 것과는 다른 사회적 경험이다. 청바지를 입고, 미국의 팝송을 듣고, 팝송을 따라 부르는 세계 젊은이들은 외견상으로는 미국화된 것처럼 보인다. 그렇지만 분명한 것은 이들 젊은이의 마음 속에 서로 다른 가치가 자리잡고 있다는 사실이다.

한류(韓流)를 보라. 우리 젊은이들은 분명히 청바지를 입고 팝송을 부르기도 한다. 그러나 미류(美流)가 아니라 한국 문화를 상징하는 한류로 아시아 지역에서 자리를 잡고 있다. 또 이들은 맥도날드에 들러서 햄버거를 먹는다. 그러나 반드시 미국화가 되는 것은 아니다.

미국에서는 맥도날드 레스토랑을 미국 경제 글로벌화의 상징으로 여기고 있으나 오히려 어떤 경우에는 타파(打破)의 대상이 되고 있다. 각 지역의 가치관은 오히려 그 지역문화를 형성하는 결정적인 요인이 된다.[38]

[38] 맥도날드를 통해 세계인의 가치관을 바꾸어 놓겠다는 미국인의 생각은 지나친 욕심이었다. 필자는 1987년과 1991년에 말레이시아를 방문하였다. 말레이시아에서는 맥도날드라는 이름 대신에 "주봉버거(JubongBurg)"라는 이름을 붙인 식당에서 햄버거를 팔고 있었다. 그 이유를 알아보았더니 배드민턴과 관련이 있었다. 말레이시아에서는 배드민턴이 최고 인기 운동경기 종목이었는데, 그 당시에는 박주봉 선수가 한국대표로 올림픽 배드민턴 경기에서 금메달을 획득하였던 것이다. 그 때문에 말레이시아에서 박주봉 선수의 인기가 매우 높았으며, 햄버거도 박주봉 선수의 이름을 붙인 가게라야 잘 팔린다는 것이었다. 말레이시아 청소년들은 햄버거를 먹으면서 미식축구가 아니라 배드민턴을 생각하고 있었다.

햄버거를 통해 세계 젊은이들의 가치관을 바꾸겠다는 미국의 생각은 근본적으로 잘못된 것임을 알 수 있다. 오히려 햄버거는 친환경적인 식품도 아니며 웰빙 식품도 아니라는 인식을 갖게 되었다. 이러한 인식은 미국 가치에 대한 일탈현상을 더욱 더 촉진시키는 결과를 가져 왔다.

● 문화고속도로

미국은 지난 20세기 말 맥도날드를 통해 전 세계에 햄버거를 수출하여 햄버거 천국을 만들었다. 세계 어느 곳에 가든지 맥도날드와 햄버거를 만나게 된다. 해외여행을 하다 보면 어떤 경우에는 공항마다 햄버거 가게에 들르게 된다. 더욱이 햄버거는 닫힌 사회를 열어서 개방체제로 전환시키는 데 많은 공헌을 하였다. 햄버거를 통해 천하를 통일한 셈이다. 공산권이나 중동을 가릴 것 없이 아무리 닫힌 사회일지라도 햄버거는 거침없이 뚫고 들어갔다.

이뿐만 아니라 미국은 계속해서 인스턴트 식품을 끊임없이 전 세계에 확산시켜 왔다. 햄버거를 따라 피자와 콜라가 진출했고, 그 뒤를 이어 프라이드 치킨까지 진출했다. 이러한 결과는 전 세계적으로 대부분의 청소년들이 인스턴트 식품을 먹으면서 성장하게 만들었다. 또 부정적인 입장에서 보면 미국은 햄버거를 비롯한 인스턴트 식품을 제공하여 많은 사람들로 하여금 비만에 시달리게 한 결과를 초래했다는 비판도 결코 피할 수 없게 되었다.

또 다른 측면에서 보면, 맥월드가 전 세계에 식품문화 고속도로를 만들어 놓았다는 점에 대해 우리는 찬사를 보내지 않을 수 없다. 미국은 세계 어느 나라에서든지 자기의 식품을 팔고 레스토랑을 설치할 수 있는 가능성을 열어놓았다. 미국은 맥월드로 전 세계에 식품문화 고속도로를 건설한 것이나 다름이 없다. 우리도 김치와 고추장을 가득 실은 차를 몰고 미국이 만들어 놓은 식품 고속도로 위를 마음껏 달릴 수 있게 되었다.

앞으로는 지식사회와 함께 정신문화 중심의 사회가 펼쳐지게 된다. 특히 지식사회와 함께 펼쳐지는 디지털 문화는 정신문화의 발전을 위해 윤활유와 같은 역할을 하게 된다. 특히 서구 문화가 가진 정신세계의 깊이는 동양문화가 가진 깊이와는 그 비교가 불가능하다.

늦어도 2010년까지는 투 더불류권 [한반도와 중국을 잇는 해안선을 하나의 더불류(W)로 보고, 인도차이나 반도와 인도를 잇는 해안선을 다른 또 하나의 더불류(W)로 본 것이다] 문화가 디지털 문화의 도움을 받아 더욱 더 생동감 있는 모습으로 지구촌 사회를 넘나들게 될 것이다. 심오한 정신적 기반을 가진 투 더블류권 문화는 디지털 지식사회를 지탱할 수 있는 질적 기반을 견고하게 만드는 데 크게 기여할 것이다. 뿐만 아니라 투 더블류권의 정신문화가 훌륭한 문화상품으로 개발되어 지구촌 사회로 확산되어 햄버거가 휩쓴 자리에 투 더블류권 정신문화가 자리를 잡아가게 될 것이다. 바로 이러한 변화는 새로운 가치선택의 물결을 만들어낸다. 즉 아시아 가치가 글로벌 가치로 발전할 수 있는 시대가 열리고 있는 것이다.

정신문화 중심의 아시아 가치는 한류와 함께 2010년에 부각되기 시작하여 2020년에 그 절정을 이룰 것으로 예측된다. 햄버거가 개척한 식품 고속도로는 한국 정신문화의 글로벌 확산을 촉진시키는 데 많은 기여를 하게 될 것이다. 자연적으로 한국의 정신문화 가치는 아시아 가치로 정착되면서 글로벌 가치로 발전하게 될 것이다. 결국에는 동서양 문화가 결합되어 융합의 단계에 이르게 될 것이다.

우리는 지금부터 우리의 심오한 정신문화를 더욱 더 높은 수준으로 승화시켜야 한다. 그리고 지구촌 사회의 문화 고속도로 위를 누비면서 지구촌 사회의 모든 사람들에게 즐거움을 선물해야 한다. 문화는 나누면 나눌수록 더욱 더 즐겁고, 많은 사람들과 나누면 많은 사람들을 즐겁게 만든다.

(4) 경고 메시지

세계는 우리에게 많은 기대와 희망을 가지고 있으면서도 한국사회에 대해 수많은 경고 메시지를 계속해서 보내왔다. 그리고 지금도 세계인의 한국에 대한 경고 메시지는 계속해서 전해지고 있다.

구미(歐美) 세계는 20세기 말에 한국을 비롯한 아시아 가치를 평가절하하는 강력한 경고 메시지들을 보내왔다. 이는 주로 1990년대에 나타났다. 1993년에 줄리안 웨이스(Julian Weiss)[⑱]는 「아시아의 변혁」이란 논문에서 유교적 자본주의의 폭발을 제기하였고, 폴 크루그만(Paul Krugman)은 1994년부터 1997년까지 「동아시아 성장한계론」을 끊임없이 제기했다(윤순봉, 2003).

⑱ 줄리안 웨이스의 비판은 특히 한국사회에 많은 도움을 주었다. 웨이스는 크루그만과는 달리 실제적인 문제를 제시하여 비판함으로써 오히려 우리에게는 많은 도움이 되었다. 웨이스의 경고는 한국사회의 발전을 위해 아직까지도 유효한 것이 많이 있다(Julian Weiss, "Asia in Transition", *The Futurist*, January–February 1993, pp. 9–13).

이 시기에 많은 구미 학자들의 비판은 주로 긍정적인 면보다는 부정적인 면에 치중되었다. 특히 많은 구미 학자들이 동양 사회의 문화와 윤리를 잘 이해하지 못해 동양인의 지혜와 지식을 지나치게 과소평가하는 태도야말로 실로 한심스러울 정도였다. 이러한 비판들은 주로 1990년대 초에 등장하였다. 그후에 한국을 비롯한 동남아 지역 국가들이 외환위기에 몰렸던 1990년대 말에 다시 이들 지역의 성장과 발전에 대한 부정적 측면의 비판이 쏟아져 나왔다. 웨이스는 3가지 관점에서 다음과 같이 아시아의 위기를 제기하였다.

● 아시아인들의 신슈펭글러리언 신념에 대해 강력한 경고를 보냈다

아시아인들은 지나치게 신슈펭글러리언(Neo-Spenglenian) 신념에 사로잡혀 있다는 것이다. 신슈펭글러리언 신념이란 서구 사회의 지체현상에서 나타나는 하향적(下向的) 현상에 따른 것이다. 역사적 발전의 순환과정에서 볼 때 서구 사회의 몰락은 동양 사회의 상승을 가져오게 된다는 믿음을 의미한다. 그러나 서구 사회가 기울고 있을지라도 필연적으로 동양의 상승으로 이어지는 것은 아니다. 첫 번째 웨이스의 관점은 잘못되었다. 웨이스의 아시아인들의 신슈펭글러리언 신념에 대한 비판은 오히려 아시아의 발전에 대한 웨이스의 두려움으로 보여진다.

● 아시아 지역의 정치불안에 대해 걱정스러운 경고를 보냈다

아시아 지역의 여러 나라들이 반드시 성취해야 할 정치적 성공이 미래지향적인 면에서 불확실하다는 것이다. 집권층은 성숙된 민주절차보다는 찬탈을 통해 정권을 장악해 왔다는 것이다. 이와 같은 추세는 일본을 포함한 대부분의 아시아 여러 나라들이 정치발전에서 지체현상을 겪게 될 것이라는 경고를 보내기도 했다. 이와 같이 두 번째로 제시한 웨이스의 관점은 아시아 지역의 정치발전을 위한 의미 깊은 충고로 받아들여야 한다.

● 아시아의 유교적 자본주의 실패 가능성을 제시하였다

아시아 지역의 여러 나라들은 구미 사회와는 달리 사회봉사정신이 부족한 유교적 자본주의를 토대로 하여 경제성장을 해왔다는 것이다.

하지만 아시아의 자본주의는 희생정신야말로 사회적 미덕(美德)이며 도덕적 모범(模範)이라는 신념체제를 만들어냈다. 이러한 신념을 통해 근로정신을 배양하였고, 이는 강인한 직업훈련으로 연결되었다. 이러한 사회운동이 사회혁신을 일으키는 유일한 가치관으로 신봉되었다는 것이다.

그러나 아이러니하게도 대부분의 유교전통을 가진 나라에서는 사회봉사정신 결핍현상이 나타났고, 사회봉사정신의 결핍은 사회적 불만을 돌출시키고 있으며, 국민의 희생정신으로 얻은 총생산은 이를 사용하는 방법에서 공정성을 잃고 있다는 것이다.

웨이스는 한국을 비롯한 아시아 지역의 전자제품, 석유화학 제품, 자동차 생산이 이미 포화상태에 이르렀다고 지적하였다. 또 이들 제품들은 구미 경쟁국들을 따라갈 수 없다고 경고했다. 특히 한국의 공학기술을 지나치게 낮게 평가했다. 그는 한국이 어깨너머식으로 개발한 전자제품은 그 생명력이 길지 않을 것이며, 남의 기술을 훔쳐보는 안다리후리기식의 기술공학 개발은 앞으로 더욱 더 심각한 위기를 맞이할 것이라고 경고했다.

또 크루그만의 「동아시아 성장한계론」의 핵심은 한국을 비롯한 신흥공업국들이 이루어낸 경제성장은 노동력의 증가와 물적 자본 증가에 따른 결과이며, 결코 지식 창조와 기술 진보에 의한 것이 아니라는 것이었다. 특히 이들 지역의 경제성장을 지식, 즉 영감(靈感)에 의한 성장이 아니라 순전히 땀에 의한 성장이라고 보았다. 그리고 이들 지역의 저축률이 감소하고 노동력이 줄어들면서 경제성장이 둔화될 것이라고 예측하였다.

이와 같이 구미 사회에서는 1990년대에 한국 가치와 동남아시아

가치는 낮게 평가되었다. 유교적 자본주의가 지나치게 희생을 강요하는 문제점도 많지만, 유교적 자본주의는 21세기에 들어와서도 아시아 지역 경제성장의 기반이 되고 있다. 오히려 지금 한국은 유교적 자본주의의 중심인 정신적 동력의 약화가 경제성장의 장애요인이 되고 있다. 1990년대에 구미 학자들이 그렇게도 낮게 평가했던 한국의 IT기술은 선진국을 앞지르고 있으며, 지금은 BT선진국으로 가려 하고 있다. 자동차 산업은 세계 제5위의 생산국으로 자리를 잡았으며, 최근에는 해외 수출시장에서 인기가 높다.

구미 학자들이 우려했던 동아시아 성장한계론은 이미 그 설득력을 잃어버렸다. 한국에서 시작되어 중국으로, 그리고 중국에서 인도차이나 반도로, 또 인도차이나 반도에서 인도로 연결되는 새로운 21세기 성장물결은 결코 되돌릴 수 없는 새로운 성장 메가트렌드를 펼쳐나가고 있다.

특히 한국을 비롯한 아시아 지역 여러 나라들이 성취해야 할 가장 중요한 과제는 바로 구미 학자들이 지적한 자유민주주의의 실현이다. 앞으로 동아시아 국가들이 정치적 불안을 극복한다면 동아시아의 경제성장은 더욱 가속화될 것이다.

한국은 지금 디지털 폭풍 후에 새로운 정치 가치를 만들어 가고 있다. 지난 10여 년 동안 주로 보수와 진보의 대립 가치를 유지해 오다가 지금은 진정으로 국민을 위하는 진실성에 초점을 두는 영성 가치를 선택하려고 하고 있다. 바로 이것은 진실 중심의 정치를 의미한다. 지금 한국사회는 정신적으로 깨어 있는 진실한 정치인을 요구하고 있다.

(5) 글로벌 가치

지금 가치선택의 기준과 방향이 바뀌고 있다. 앞에 제시한 식품문화에서 한국을 비롯한 많은 아시아인들이 가치 초점을 바꾸기 시작하였다. 바로 가치의 초점을 미국 가치에서 벗어나 자국의 가치나 아시아 가치에 맞추기 시작했다는 것이다. 이러한 변하는 1990년대 말 아시아 지역을 휩쓴 외환위기 이후부터 표면화되기 시작하였다.

외환위기의 해결방법이 너무나 미국식이었기 때문에 한국을 비롯해 외환위기를 맞이했던 당사국들은 불가피하게도 많은 피해를 입었다는 것을 2000년을 넘어서면서 알게 되었다. 이와 같은 잘못은 미국도 이미 인정한 사실이다. 이러한 현상이 미국 가치를 퇴조시키는 원인 중의 하나가 되었다.

미국 가치의 퇴조현상은 다음과 같은 측면에서 나타나기 시작하였다.

● 미국 가치는 생활문화에서 한국을 비롯한 아시아 지역에서 멀어지고 있다

미국의 음식문화는 환경친화적이 아니다. 이에 반해 한국을 비롯한 대부분의 아시아 지역 음식들은 채식 중심이다. 이에 따라 맥도날드와 햄버거를 비롯한 미국식의 인스턴트 식품들은 아시아인들의 입맛으로부터 차츰차츰 멀어져 가고 있다. 이는 바로 미국 식품 가치의 하락은 미국 가치의 퇴각(退却)을 예고해 주고 있는 것이다.

● 미국 가치는 아시아의 가족 가치로부터 멀어지고 있다

산업화와 함께 밀어닥친 미국식 가치는 아시아 지역에 자리를 잡으면서 가정의 유대가 붕괴되어 전통적 가족체제의 정체성이 무너지기 시작했다는 것이다. 물론 이러한 현상은 산업화에 따른 생활양식의 변화에서 당연히 나타나는 현상이지만 지금은 미국 가치의 약화를 초래하는 요인으로 작용하고 있다.

● 미국 가치는 아시아적인 교육 가치로부터 멀어지고 있다

미국 가치 중심의 생활문화는 한국을 비롯한 아시아의 전통적 도덕규범을 뒤흔들어 놓아 갈등과 모순을 낳게 만들었다. 특히 교육현장에 나타나는 미국 가치 중심 생활지도 방법은 아시아 가치와 충돌을 빚고 있다. 이와 같은 가치충돌은 청소년 지도 문제를 놓고 싱가포르에서 나타났다. 싱가포르의 청소년 지도 문제에 대한 서구 사회의 지나친 간섭은 오히려 미국 가치를 비롯한 서구 가치의 퇴조를 초래하였다.

● 영성 가치는 미국 가치와 아시아 가치를 통합시키고 있다

새로운 변화는 한국을 비롯한 아시아인들의 전통적 가치로부터 새로운 가치를 정립하려는 노력으로 나타나고 있다. 즉, 온고지신(溫故知新) 현상으로, 바로 전통적 정신문화 속에서 새로운 정신적 가치를 추구하고 있다. 한국을 비롯한 아시아인들은 오랜 역사를 통해 심신수련을 삶의 수단으로 삼아왔다. 예를 들면 명상, 요가, 기(氣), 단(丹) 등을 들 수 있다. 바로 여기에서 우리는 정신문화 중심의 한국 가치와 아시아 가치가 21세기 글로벌 가치로 정착될 수 있음을 확신하게 된다. 문제는 우리의 정신문화 가치를 어떻게 활용하느냐에 달려 있다. 우리가 미국 가치에서 눈을 돌리려는 순간에 오히려 미국은 아시아 가치를 채택하여 글로벌 영성 경영 가치로 발전시키고 있다.

지금까지 우리는 심신수련 따로 일 따로, 그리고 심신수련과 생활을 따로 하면서 우리 문화의 정신적 가치의 진가(眞價)를 살리지 못했다. 미국은 심련수련과 일을 결합시키는 데는 오히려 우리보다 앞섰다. 따라서 우리는 지금부터 정신수련과 일, 그리고 정신수련과 생활을 함께 묶는 일을 생활화시켜야 한다.

우리는 지금부터 우리가 가지고 있는 통합의 문화와 숙성(熟成)의 문화를 살려서 정신적 가치를 질적(質的)으로 발전시켜 글로벌 가치로 승화시켜야 한다. 그리고 이를 통해 산업화의 부작용을 치유하고 디지털 문화를 성숙시켜 우리의 삶의 질을 정신적으로 건강하게 만들어 가야 한다. 또 우리는 인류평화와 행복을 위한 인류 보편의 가치를 창조해낼 수 있다는 확신을 가져야 한다.

● 아시아의 영성 가치는 글로벌 가치로 발전하게 된다

영성 가치 생활화는 2010년부터 부상하면서 2020년에는 글로벌 가치로 자리를 잡아갈 것이다. 이 시기가 되면 정신적인 건강과 정신적인 행복, 자연친화적 의식주 생활이 웰빙의 주된 가치로 정착되기 때문이다.

지금 디지털 폭풍의 여력이 우리 사회를 계속해서 뒤흔들고 있다. 날로 쏟아지는 정치계와 기업체의 부정부패는 차마 눈 뜨고는 볼 수 없을 정도의 극(極)에 달하고 있다. 이러다가는 모든 사람들이 일을 하려고 하는 의지마저 잃어버릴 가능성이 높다. 지금부터 정신수련 방법을 통해 정치인과 기업인은 물론 국민 모두가 진실을 제일로 삼는 영성생활을 착실하게 실천해 나가겠다는 신념을 가져야 한다. 그러면 우리의 착한 품성이 살아나서 우리의 풍요로운 무형자산의 힘이 되살아날 것이다.

(6) 4가지 가치 축의 세계

지금 우리에게는 21세기 가치 패러다임이 요구되고 있다. 분명히 21세기는 사회의 생존과 발전을 위한 새로운 가치 패러다임을 만들어 가야 한다. 과거 봉건주의 사회와 군국주의 국가에서는 폐쇄적 가치로 국민들의 생활과 태도 및 행동을 통제할 수 있었다. 또 정보사회가 본격적으로 가동되기 직전의 1990년대 이전까지만 하여도 폐쇄적 가치에 의한 주민통제가 어느 정도는 가능하였다. 그러나 완전한 개방체제로 전환된 21세기 사회에서 폐쇄적 가치는 그 생명력을 잃어버리게 되고, 그리고 낡은 가치도 점진적으로 생명력을 잃어가다가 결국 끝에 가서는 소멸되어 버린다.

그러면 21세기는 어떠한 가치 리듬을 탈 것이며, 한국을 비롯한 아시아 지역의 가치가 어떤 글로벌 가치 생태계를 만들어 가면서 어떤 서구 지역의 가치와 결합체제를 만들어 갈 것인가? 또한 이러한 과정 속에서 미국의 가치관이 어떻게 반작용을 일으킬 것인가를 상정해 볼 필요가 있다.

지난 20세기에 서구 사회의 서구식 근대화 신봉자들은 21세기가 되면 아시아인들은 자신들의 전통문화를 포기하고 기술적 · 도덕적으로 월등한 서구 문화에 동화될 것으로 믿어왔다. 그러나 21세기에 진입한 지금, 오히려 서구 마인드 중심의 '근대화'에 대해 새로운 각성(覺省)이 필요하게 되었다. 특히 경제성장률 측면에서 보면 동아시아의 성장 모델은 오히려 근대화 이론의 발생지인 서구 사회를 훨씬 앞지르고 있다.

그리고 10여 년 전에 서구의 전문가들은 유교적 자본주의를 불안하게 바라보면서 21세기 초에 유교적 자본주의가 폭발하여 동북아 지역은 분명히 성장의 한계점에 도달하여 큰 위기에 직면하게 될 것으로 보아왔다. 아직까지도 서구 학자들 중에서 중국에 대해 부정적인 생각을 가진 사람들은 중국식 자본주의를 유교적 · 공산주의적 자본주의로 명명하면서 앞으로 중국식 자본주의가 폭발할 것으로 보고 있다.

지금 유교적 자본주의를 밑바탕으로 경제성장을 이룩한 한국, 일본, 대만과 중국은 이미 세계를 움직이는 경제 벨트로 성장하였다. 지금도 한국, 일본, 중국 세 나라가 공동체를 이룩한다면 충분히 세계를 움직일 수 있다. 이러한 세계사의 물줄기 속에서 일본은 미일관계 속에서 투 더블류권의 역기능을 노출시키고 있다. 중국의 경제발전은 미국이 아무리 제동을 걸어도 결코 되돌릴 수 없는 패러다임으로 정착되어 버렸다. 이제는 중국 경제가 위기에 처하면 세계경제가 위기로 몰려야 할 상황에 이르렀다.

경제환경이 바뀌면 자연적으로 가치 패러다임도 이동하게 된다.

미국의 미시간 대학교 사회조사연구소(Institute for Social Research)는 지난 20년 간(1981–2001) 세계 인구의 80% 성향을 포용하는 세계 65개 사회의 가치에 관한 연구를 수행했다. 1인당 국민소득 300달러에서 3만 달러에 이르는 모든 사회를 포함하고, 민주주의 국가는 물론 전제주의 국가까지도 포함하였다.

● 4가지 가치 축

이 연구에서는 4가지 가치 축, 즉 전통지향 가치(Traditional orientation values)와 현세적·합리지향 가치(Secular–rational orientation values), 생존 중심 가치(Survival values)와 자기 표현 중심 가치(Self–expression) 패러다임을 설정하였다. 전통지향 가치는 강력한 국가주의, 신(god)에 대한 복종, 권위에 대한 존경심을 강조하고, 현세적·합리지향 가치는 권위에 대한 태도변화와 범신앙을 허용한다. 생존 중심 가치는 경제적·물질적인 안정 중심이며, 자기 표현 중심 가치는 삶의 질 향상과 환경보호 중심적이다.

가치 패러다임은 종교적 토양과도 긴밀한 관계를 맺는다. 이 가치 패러다임 조사 연구결과는 부유한 나라들의 가치체계와 가난한 나라들의 가치체계는 근본적으로 다르다는 시사점을 제시해 주고 있다.

● 가치 지도에 나타난 지역별 특성

가치 지도(地圖) 위에 소득 수준을 표시하면 연간 1인당 국민소득 15,000달러 이상 되는 19개국 모두가 현세적·합리적 가치 축과 자기 표현 중심 가치 축에 속해 있다는 것이다. 여기에 속해 있는 지역의 특징은 개신교, 유교, 가톨릭, 비공산주의, 영어문화권 등이다.

한편, 연간 1인당 국민소득 2,000달러 이하인 대부분의 국가들은 가치 지도에서 전통지향 가치와 생존 중심 가치 축에 속해 있다는 것이다. 이들 지역은 아프리카, 남아시아, 공산주의 및 동방정교회 문화권에 속해 있고, 나머지 지역들은 4가지 가치 축의 중간지대에 속해 있다는 것이다.

이 연구에서는 한 사회의 문화적 가치는 가장 중요한 역할을 하고 있으나 차이가 있음을 지적해 주고 있다. 한국, 일본, 중국과 대만은 전통적인 유교사회인데도 비교적 현세적 가치를 가지고 있는 것으로 나타났다. 이와는 달리 전통적인 가톨릭 사회인 이탈리아, 스페인, 포르트갈 등은 비교적 전통적인 가치를 가지고 있으나 오히려 역사적으로 개신교(Protestant) 사회인 덴마크, 노르웨이, 스웨덴 등은 가톨릭 사회보다 자기 표현 중심 가치를 나타내고 있었다는 것이다.

특히 이 조사연구에서 미국은 가치 지도상에서 다른 부유한 선진국과 비교해서 일탈현상을 나타내는 것으로 나타났다. 미국은 다른 선진국에 비해 전통적인 가치를 견지하고 있었다. 게다가 미국 국민들의 정신세계는 청교도 정신인데도 불구하고 개발도상국과 유사한 절대적인 신앙심과 국가 자부심을 가지고 있었으나 오히려 보수적 가톨릭 중심 북유럽 국가들이 구축한 자기 표현 중심 가치관에는 이르지 못하고 있었다.

미국은 지난 20세기를 이민으로 구성된 다종교, 다인종 등을 중심으로 글로벌 가치관을 만들어내어 국제적 리더십을 발휘해 왔다.

그럼에도 불구하고 정작 21세기에 들어와서 미국은 전통적 가치를 견지하고, 북유럽 국가들과 같이 자기 표현 중심의 가치를 정착시키지 못해 미국 가치는 글로벌 가치에서 일탈현상을 나타내고 있다(이와 같은 미국 가치의 일탈현상은 미국이 오랫동안 지속해 오고 있는 국제 경찰국가로서의 역할수행에 대한 역기능으로 나타나는 현상으로 볼 수도 있다).

(7) 신가치 패러다임

21세기 가치 패러다임은 극동 아시아를 비롯한 아시아 가치가 북유럽 가치와 결합관계를 유지하면서 글로벌 가치 패러다임을 만들어 갈 것으로 예측된다. 이러한 과정이 계속될수록 미국 가치로부터의 일탈현상이 가속화될 것으로 전망된다. 투 더불류권 국가들 중에서 유일하게 일본의 정치인들과 보수계층은 미국과 유사한 권위주의를 내세워 미국 가치에 동조함으로써 당분간 새롭게 전개되는 신가치 패러다임의 물결을 타지 않을 것 같다. 이에 따라 일본 내에서는 가치 선택의 혼돈현상이 나타날 것으로 보인다.

결국 일본은 2020년에 가까워져서야 투 더불류권의 가치체제에 동조할 것으로 예측된다. 투 더불류권(아세안+한국, 일본, 중국, 인도) 지역은 다종교(多宗敎), 다인종(多人鍾), 다문화(多文化), 다양한 기후대(氣候帶 : 온대 지역과 아열대 지역)로 구성되어 있어 충분히 21세기형 가치 패러다임을 만들어낼 것으로 전망된다. 가치 패러다임의 내용은 현세적 · 합리적 가치관, 종교 다원주의(다종교 지역인 한국을 비롯한 아시아 지역에서 종교 다원주의를 인정하지 않는다면 아시아 전 지역은 종교 전쟁터가 될 것이다), 특히 친환경 · 정신적 건강을 중심으로 북유럽 가치관과 결합되어 2020년 이전에 21세기 가치 패러다임을 정착시킬 것으로 전망된다.

지금부터 일고 있는 영성 가치는 2010년부터 영성 생활로 자리를 잡으면서 2020년에는 가장 핵심적인 행복지수를 결정하는 척도가 될 것이다. 한국은 틀림없이 무형자산을 충분히 활용하여 북유럽 국가들과 함께 친환경 의식주 생활, 가족의 유대와 화목, 정신건강, 명상, 요가, 단 등을 중심으로 21세기형 웰빙 가치 패러다임을 주도하는 나라가 될 것이다.

3. 이념 메가트렌드

지금 우리나라는 지하에 숨겨져 있는 이념까지도 고갈되어 버렸다. 세계에서 가장 격렬한 이념갈등을 겪은 나라이기 때문에 쌍방의 희생은 참혹하였다. 이로 인한 깊은 상처는 지속적인 이념논쟁의 리듬을 만들어내 왔다. 지난 13년간은 극우보수에 눌렸던 소리들이 밖으로 나와 많은 일들을 들추어낼 만큼 다 끌어내었다. 지금부터 우리 사회는 자연적으로 안정된 정체성을 가지고 새로운 발전 사이클을 만들어 가야 한다. 이런 과정은 오히려 우리 사회를 일류국가를 만드는 데 필요한 탄탄한 기반을 만들어 주었다고 보아야 한다. 이러한 과정을 겪지 않으면 사회 전체가 폭발해 버려 영원히 회복할 수 없는 세상이 되어버릴 수도 있다. 그러나 지금까지 우리 국민들은 인내심 하나로 잘 버티어 왔다. 그러나 이제부터는 종지부를 찍어야 한다.

국민들의 인내심에도 한계가 있다. 누구 하나 더 이상 못 참겠다고 일어서면 모두가 다 일어서 버릴 상황에까지 도달하였다.

(1) 보수와 진보의 리듬

보수와 진보는 한 사회의 정신적 토양에 따라 리듬을 탄다. 또 한 세기의 말과 한 세기의 초에 보수와 진보의 리듬은 격렬한 충돌현상을 나타내게 된다. 보수와 진보의 리듬은 봄, 여름, 가을, 겨울의 사계(四季)와 같은 리듬을 타기도 한다. 지금 우리의 정신적 토양은 무엇이며 한 세기의 어느 시점에 서 있는가를 알아보면 분명히 우리는 보수와 진보의 리듬을 읽을 수 있다. 우리는 지금 막 보수와 진보의 격렬한 충돌 터널을 빠져나오고 있다.

우리가 살고 있는 사회도 격렬한 이념파동을 겪으면서 발전한다. 그러나 어떤 경우에는 이념갈등이 망국(亡國)의 근원이 된다. 우리 사회는 북한과 접해 있기 때문에 정상적인 이념 리듬의 순환 사이클을 벗어나서 언제든지 강력한 좌파 리듬에 휩쓸릴 수 있다. 우리는 우리 사회가 공산화되는 것을 철저하게 막아야 한다. 그러나 한국사회가 공산화된다는 것은 절대 불가능하다. 바로 0%에 가까운 문맹률, 82.1%(2005)의 대학진학률, 인터넷 강국과 자유 등이 뒷받침해 주고 있기 때문이다.

이념을 표방하는 가치관도 생명력을 가지고 있다. 가치관의 확산이 줄어들기 시작하면 가치관의 생명력도 소멸된다. 이러한 과정에서 사람들로부터 지지를 받지 못하는 가치관은 자연적으로 생명력을 잃어버린다. 사회발전의 단계에서 생명력을 잃어버린 가치관을 가지고 투쟁을 하는 일은 참으로 어리석은 일이다. 아직도 우리 주변에는 이러한 일을 하고 있는 사람들이 있어 참으로 안타깝다.

● 가치관의 4계절

가치관도 리듬을 타며 봄, 여름, 가을, 겨울과 같은 자연의 순리(順理)에 따르게 된다.[88]

---

[88] 아놀드 미첼(Arnold Mitchell)은 한 사회의 가치관의 순환구조를 봄, 여름, 가을, 겨울의 4계절의 자연 순리(順理)에 따른 '가치관의 리듬'(Values Rhythms of Society, 1983)을 다음과 같이 제시하였다.
가치관은 가을에 성숙되고 또한 새로운 순환이 시작된다. 가을에는 이미 전통적 가치관이 침식된 후 새로운 가치관이 완전히 정착되어 모든 사회제도는 안정된 상태에 놓이게 된다. 가치관의 추수가 이루어지는 계절이다. 그 다음으로 맞이하는 계절은 가치관의 겨울철이다. 겨울철의 가치관은 위기와 모순을 부각시킨다. 가을에 안정된 기반을 구축했던 가치관이 겨울철을 맞아 낡은 전통적 가치관이 되어 새로운 가치관의 도전을 받아 공격을 당하는 시기이다.

지금 우리 주변에서 보수와 진보계층의 일부 계층이 과거지향적인 가치관 복귀운동을 벌리고 있다. 심지어는 가치관 환원운동까지 나타나고 있다. 이러한 장애물 때문에 우리 사회는 앞으로 나가지 못하고 10여 년째 주춤거리고 있다. 또 다른 한편에서는 극히 일부계층이 옛날식 좌파운동을 전개하려고 하고 있다.

이와 같은 우리의 가치관 리듬에서도 필연적으로 봄의 가치관을 맞이하게 된다. 봄의 계절은 새로운 가치관이 모든 사람들에게 개방되고 새롭고 다양한 가치관들이 새롭게 번창하는 시기이다. 그리고 봄의 가치관 리듬은 여름의 가치관 리듬을 맞이하게 된다. 여름은 봄의 가치관을 기초로 하여 가치관의 최적주의(最適主義)가 지배하는 사회로서 새로운 가치관이 제도화되어 사회발전을 가져오는 시기이다.

● 이념 리듬과 정신적 토양

이와 같은 가치관의 순환구조 속에서 가치관이 사계절의 리듬을 타고 순환할 때마다 사회변화와 발전이 지속되어 미래가 순차적으로 열리게 된다. 또 가치관의 리듬은 한 사회의 정신적 토양과 밀접한 관계를 맺는다.

소련 혁명은 1905년에 러일전쟁 패배에 자극을 받아 일어났고, 노동자들의 혁명은 짜르 체제를 급속하게 약화시켰다. 이는 1917년 혁명의 도화선이 되어 레닌이 이끄는 볼셰비키파가 임시정부를 전복시켜 프롤레타리아 혁명을 성공시켜 세계 최초의 사회주의 국가가 탄생되는 계기가 되었다.

식민지 지배를 받았던 많은 나라들이 독립운동을 하면서 사회주의를 무기로 삼아 싸웠기 때문에 독립과 더불어 사회주의 국가나 좌파 중심의 국가가 되는 예를 많이 찾아볼 수 있다. 아시아 여러 나라들 중 캄보디아, 미얀마, 라오스 등이 공산화되었고, 베트남이 자유민주주의와 공산주의로 분리되었다가 결국 공산화되었다. 이런 나라들은 아직까지도 가난과 기아선상에서 허덕이고 있다.

바로 진보주의 이념과 좌파 이념의 리듬은 독립투쟁 과정과 한 세기 말과 한 세기 시작단계에서 가치관의 충돌을 거쳐 새로운 가치관이 자리를 잡으면서 새로운 가치관도 보수화되어 간다.

또 다른 예를 들어 보자.

● 역사 속의 일방적 이념 사이클

위와는 조금 다른 토양에서 좌파 가치관의 리듬이 부상되는 예는 남미에서 찾아볼 수 있다. 1492년 콜럼버스가 신대륙 아메리카를 발견한 다음에는 영국과 네덜란드는 미국의 뉴욕을 점령하였고, 프랑스는 캐나다를 점령하였다. 이어서 스페인은 브라질을 점령하였다. 스페인, 포루투갈 등에 의한 남미 점령은 계속되었으며, 이들은 혹독한 식민정책을 채택하였다. 처음에는 언어와 종교를 지배하였고, 그 다음에는 문화와 경제를 지배하였으며, 마지막에는 피를 섞어서 인종까지 완벽하게 지배하였다. 그렇기 때문에 남미 사람들은 지금까지도 철저하게 서구의 정신세계와 이념에 대해 극렬한 저항을 해오고 있다.

1970년대에 남미에서 탄생되었던 해방신학(解放神學)과 종속이론(從屬理論)은 전 세계에 영향을 미쳤으며, 심지어 우리 사회에까지도 심각할 정도의 영향을 미쳤다. 21세기에 진입하면서 2006년을 전후하여 남미지역에 거의 좌파 정부 일색으로 바뀌면서 미국에 대해 대립각을 세우면서 그들 나름대로의 자부심을 내세우고 있다. 이것은 또 다른 정신적 토양 위에서 나타나는 좌파 가치관의 리듬이다.

● 이념의 뒤안길

우리는 이 기회를 통해 역사의 뒤안길을 한번 살펴볼 필요가 있다. 콜럼버스 입장에서 보면 틀림없이 신대륙을 발견한 것이었다. 그러나 1492년에 아메리카 대륙에는 분명히 인디언들이 살고 있었으며, 신대륙이 발견된 후 100년 미만의 기간에 5천만 명의 인디언이 사망했다. 분명히 인디언의 입장에서 보면 콜럼버스는 인디언 세계에 대한 침투이거나 침략이다. 미국은 지금 인디언 자치령을 만들어 주어 인디언들이 자치령 내에서 삶의 질을 유지하면서 행복한 생활을 할 수 있도록 충분한 지원을 하고 있다. 이와는 달리 호주의 원주민 '애버리진'과 뉴질랜드의 원주민 '마오리'는 하나의 관광상품으로 전락되어 있어 우리로 하여금 더욱 더 많은 것을 생각하게 만든다.

(2) 해방과 이념갈등

해방 전에 중국과 한반도에서 일본 식민지 정부에 투쟁하기 위해 일부 지식인들이 선택한 이념이 바로 사회주의였다는 것은 우리가 다 알고 있는 사실이다. 아이러니하게도 해방 이후 우리 사회에도 개발독재에 항거하여 민주화를 외쳤던 이들 세대들의 일부가 북한의 유일사상을 선택했던 경우가 있었다. 지금도 극히 일부 사람들이 이미 생명력을 잃어버린 북한식의 독특한 독재 좌파 이념에 미련을 가지고 있다는 것은 실로 우리의 앞날을 암울하게 만든다.

또 "8 · 15는 자주적 독립이 아니라 민족해방이었다"는 말은 우리로 하여금 많은 것을 생각하게 만든다. 이 말은 8 · 15 해방은 민족의 주체적 역량과 자주적 힘에 의한 광복이라기보다는 외부의 강대국에 의해 이루어진 민족해방이었다는 것이다.

이로 인해 한반도는 해방 이후 3년 동안(1945-1948) 격렬한 이념갈등의 도가니 속으로 빨려들어 갔다. 이 당시에 한반도를 지배했던 정치세력은 주로 두 파, 즉 온건보수 우파세력과 진보급진 좌파

세력으로 나누어졌다. 또 중도파, 중도좌파, 중도우파로 나누어지기도 하였다. 우파에는 국내파 우익과 국외파 우익으로 갈리기도 하였다. 이때에 우파는 신탁운동을 반대하였고 좌파는 신탁운동을 찬성하였다. 이로 인한 좌우갈등은 전국적으로 확산되어 시위와 편싸움은 그칠 줄 몰랐다. 특히 시골에서는 동리마다 이념이 무엇인지, 또 신탁통치가 무엇인지 아무 것도 모르는 농민들까지도 좌파와 우파로 나누어져서 몽둥이를 휘두르면서 혈투를 하여 많은 희생자가 속출하였다.

이러한 좌우갈등은 1948년에 '대한민국'이라는 국호로 자유민주주의 국가 정부수립이 이루어질 때까지 계속되었다. 결국 남북이 분단되었고, 남북은 똑같이 남쪽에서는 좌익이 거세되고 북쪽에서는 우익세력이 숙청되는 민족상잔의 비극을 초래하였다.

정부수립을 전후하여 국내에서 공산주의자들의 폭동은 계속되었다. 즉 1948년 4월 3일의 제주도 폭동, 1948년 10월 20일의 여순반란, 계속된 지리산 토벌, 1953년 6월 18일의 반공포로 석방에 이르기까지 이념갈등은 계속해서 우리 사회의 비극을 낳았다.

(3) 극우보수와 진보의 향방

해방 이후에 우리가 만들어낸 우리의 현대사를 사랑하면서 그 장점을 살려서 미래를 열어가야 한다. 실제로 우리가 산업화를 성취한 기간은 30여 년에 지나지 않는다. 이렇게도 짧은 기간 동안에 너무나도 많은 것들을 경험하였다. 이와 같은 훌륭한 산업화의 업적과 함께 그 뒤안길에는 산업화와 민주화 탄압의 엇갈림 속에서 너무나 많은 희생과 강물처럼 흐르는 슬픈 눈물도 포함되어 있었다.

우리는 이런 역사를 슬픔과 심판의 도가니로 몰아넣지 말고 우리의 현대사를 한없이 사랑해야 한다. 또한 우리의 근대화 업적과 함께 탄압과 희생의 슬픔과 눈물을 관용의 가슴으로 껴안아야 하며, 탄압으로 흘렀던 눈물을 생각하면서 좌파나 진보에 시각을 맞추지 말아야 한다. 즉 과거로 되돌아가서 과거를 반복하지 말아야 한다. 이제는 과거를 미래로 향해 밝혀야 한다.

우리는 광복 60년간의 역사를 쌓아오면서 수많은 질곡과 환희의 과정을 거쳤다. 해방과 더불어 이승만 대통령에 의한 자유민주공화국은 보수 우익정권이었다. 이승만 정권의 장기집권을 위한 부정선거가 자행되었고, 이를 규탄하는 4 · 19혁명이 일어났다. 그리고 이승만 대통령의 하야와 하와이 망명이 이어졌다. 그리고 5 · 16과 유신정권을 거치면서 극우보수의 이념이 나타났다. 이를 우리는 '개발독재' 라고 부르고 있다. 5공화국도 극우보수 정권이었다. 하지만 문민정부는 군부와 정치를 완벽하게 분리시켰고, 국민의 정부는 모든 국민이 인터넷을 활용할 수 있게 만들었다.

주로 극우보수 정권은 고도 경제성장을 경제정책으로 내세웠고, 진보 정권은 분배 중심의 경제정책을 채택하였다. 이러한 경제성장 과정에서 다른 나라에서는 도저히 찾아볼 수 없는 획기적인 사건이 우리나라에서 발생했다. 모든 정권이 부정부패와의 전쟁을 선언했고, 부정부패를 근절하기 위해 많은 노력을 하였다. 그 평가는 너무나 심각할 정도였다. 이승만 대통령과 박정희 대통령만은 청렴결백했다는 평가를 받고 있다.

그러나 다른 4대 정권에 대한 결과는 정말 우리 앞에 암울한 모습으로 나타났다. 우리 모두가 망각해 버렸기에 다행이지 그렇지 않았더라면 우리는 모두 미쳐버렸을 것이다. 한편으로는 너무나 안타까운 일이었다. 극우보수 정권의 두 대통령은 5천억 원이라는 천문학적인 비자금을 마련한 죄로 교도소 생활을 하였다. 남의 부정부패를 다스리는 데만 열중한 나머지 자신의 부정부패를 다스리는 자기관리를 하지 못한 대통령들이었다. 그리고 문민정부와 국민의 정부, 두 대통령의 아들들은 부정부패를 저지른 죄로 교도소 생활을 하였다. 문민정부와 국민의 정부, 두 대통령은 남의 부정부패를 다스리는 데만 열중하였지 아들의 부정부패를 다스리는 데 실패한 대통령이었다. 우리는 앞으로 절대로 이러한 기록을 남기지 말아야 한다.

지금 우리 사회는 주변의 부정부패를 깔끔하게 뿌리뽑고, 자신과 가족의 부정부패를 철저하게 다스리는 지도자를 바라고 있다. 이러한 정치적 리더십의 결여에도 불구하고 지금 우리나라는 IT제품, 자동차와 철강 등 우리의 주요 수출품으로 오늘도 세계시장을 석권하고 있다. 1970년 KIST는 2000년의 1인당 국민소득을 1970년의 228불을 기준으로 해서 14배가 증가될 것으로 보고 3,192불에 이를 것으로 예측하였다. 그러나 2000년의 1인당 국민소득은 8,910불로 1970년보다 39배가 증가하였다(IMF라는 악재가 없었더라면 우리의 1인당 국민소득은 2000년에 약 12,000불에 도달하였을 것이다).

이와 같이 한국인은 예측 불가능할 정도의 성취도를 낳는 민족이다. 또 지난 25년 동안에 국운상승의 기회를 잘 맞이하였다. 5공 정권은 88서울올림픽과 세계무역박람회를 잘 유치하였고, 또 6공 정권은 88서울올림픽을 성공적으로 개최하였다. 문민정부는 2002년 한일월드컵을 잘 유치했고, 국민의 정부는 2002년 한일월드컵을 성공적으로 개최하였다. 일본은 아시안 게임, 올림픽과 무역박람회를 개최한 후에 6년 만에 1인당 국민소득 2만 불대를 돌파하였으나 우리는 시위와 집단 이기주의, 과거 심판과 이념갈등 때문에 국제금융 지원을 받는 나라가 되었다. 우리가 국운상승의 기회를 충분히 활용하지 못했다는 점은 참으로 안타까운 일이다.

여기서 주의를 기울여야 할 점은 각각 다른 이념을 가진 정권이면서도 꾸준히 성취해 온 메가트렌드가 있었다는 것이다. 그것은 바로 5공 정권부터 국민의 정부까지 계속해서 꾸준히 구축해 온 정보 인프라와 정보산업이었다.

5 · 16과 유신개발 독재가 만들어낸 오늘의 우리나라 주력 수출품은 자동차, 조선과 철강 및 석유화학제품이다. 5공 정권부터 문민의 정부에 이르기까지 지속적으로 추진되었던 정보 인프라는 국민의 정부에서 선진 정보산업국가로 발전하였고, 이러한 결과는 참여정부에서 IT선진국으로 자리잡게 되었다. 우리의 IT기술은 선진과학 한국이라는 하나의 메가트렌드를 창조해냈다.

앞으로 부각되는 이념의 메가트렌드는 극우보수도 받아들이지 않고 진보도 받아들이지 않을 것이다. 결국 새로운 리듬을 만들어낼 것이다.

(4) 정신적 용광로

우리 사회는 우리 특유의 이념 메가트렌드를 만들어내는 토양이자 하나의 거대한 정신적 용광로이다. 한국사회와 같이 우수한 기능을 가진 용광로는 세계 어느 곳에서도 찾아볼 수 없을 것이다. 광복 이후

60년간을 거쳐 오면서 겪은 엄청난 일들은 헤아릴 수 없을 정도로 많았다. 예를 들어보자. 8 · 15와 심각한 좌우(左右) 이념갈등, 6 · 25 발발, 3 · 15 부정선거, 4 · 19, 대통령 하야(下野)와 하와이 망명, 5 · 16, 석유파동, 10 · 26, 5 · 18, 6월 항쟁, 외환위기, 대통령 탄핵, 수도권 이전에 대한 헌법재판소의 판결 등 끊임없이 밀어닥치는 수많은 격랑(激浪)의 위기를 슬기롭게 극복해 왔다. 우리는 지난 과거를 잘 잊어버리는 단점을 가지고 있다고 스스로에 대해 불평을 털어놓기도 한다.

이러한 위기가 닥쳐왔을 때마다 항상 이념갈등이 회오리쳤다. 이로 인해 경직된 사고와 편향된 사상을 가진 사람들은 많은 사람들을 희생시켰고, 또 이로 인한 상처는 항상 사회적 갈등을 유발시켜 왔다. 그러나 우리 사회는 분노와 격분, 그리고 환희와 함께 뒤섞인 국민정서를 포용하면서 관용으로 쓰다듬어 왔다.

다음과 같은 3가지 질문을 던져 보면서 질문에 대한 해답을 구해보는 것도 의미 있는 일이다. 그리고 우리 사회의 이념 향방을 찾아보는 데도 도움이 될 것이다.

● 우리 사회는 왜 공산화되지 않았는가?

6 · 25는 한국이 공산화되지 않도록 만든 지렛대 역할을 한 것이나 다름이 없다. 6 · 25남침을 당하고서야 정확하게 공산주의가 어떤 것인가를 알았기 때문이다. 우리에게 철저한 반공사상을 갖게 만들었고, 한국을 발전시켜 북한보다 월등히 앞서는 사회를 건설해야겠다는 신념을 갖게 만들었다. 6 · 25를 경험하지 못한 젊은이들은 공산주의가 무엇인지를 알 수 없을 것이다. 오늘의 젊은이들에게는 6 · 25

체험교육이 필요하다.

● 공산화되었을 경우를 상정해 보자

한반도가 분단되지 않았더라면 중국과 비슷한 정도의 발전을 하면서 중국 문화에 동화되었을지도 모른다. 유일한 교역상대국은 중국이었을 것이기 때문이다. 오히려 오늘과 같은 산업화와 경제발전은 상상할 수도 없었을 것이다. 서구와의 교류는 생각하지도 못하고 중국을 모방하고 있었을 것이다.

● 우리 사회는 극우보수와 진보 중 어느 것을 택할 것인가?

지금 우리 사회 대부분의 사람들은 극우보수의 목소리와 진보의 목소리 모두에 귀를 기울이지 않는다. 극우보수에 의해 많은 사람들이 희생되었던 사실들을 잘 알고 있다. 대부분의 사람들은 극우보수는 산업화 과정에서 고도성장을 위해 필요했지만 고성장을 통한 사회 전반의 균형적인 발전이 필요하기 때문에 지금은 그렇지 않다는 것을 알고 있다. 아직까지도 일부 극우보수 계층은 고도성장을 위해서는 하루 빨리 극우보수 정책을 채택해야 한다는 주장을 하고 있다.

우리 국민은 남북교류 시대를 맞아 모두가 북한의 실정을 알게 되었다. 북한식의 공산주의는 너무나 많은 북한주민들을 희생시켰으며, 대부분의 북한주민들이 지금은 기아선상에서 생존마저도 어려운 끔찍한 괴롭힘을 당하고 있는 것을 눈으로 보고 있다. 이러한 실상은 진보이념의 이미지를 급격하게 추락시켜 버렸다. 진보이념의 정권이

집권을 하였지만 지금까지 저성장의 기록을 남겨왔다. 특히 진보정권의 지도계층은 국가경영에서 많은 전문가들이 국책업무를 수행하도록 했어야 하는데 그렇지 못했기 때문에 결국 전문성이 부족한 정부라는 비판을 계속해서 받아오고 있다. 지금 대부분의 국민들은 진보의 목소리에도 거의 귀를 기울이지 않는다.

1995–2005년까지의 기간에는 산업화 과정의 병폐들이 집중적으로 쏟아져 나오면서 진보적인 입장에서 본 비판들은 어느 정도 설득력을 가졌다. 그러나 이 기간을 넘어서게 되면서부터 대부분의 사람들은 지난 20세기의 병폐들을 비판하기보다는 21세기의 삶을 위해 2005년부터 크게 부각되기 시작한 21세기의 가치관과 패러다임을 선택하여 친숙해지기 위한 노력을 하지 않으면 안 되게 되었다. 이는 바로 극우보수와 진보의 포기를 의미한다. 이 시점이 바로 2006년이다.

(5) 보수성향 패러다임

우리 사회는 2006년부터 보수성향 패러다임을 맞이하고 있다. 보수성향은 기존의 보수주의가 아니라 21세기 사회를 지탱하기 위한 보수적인 성향을 의미한다. 특히 21세기는 개방된 투명사회이기 때문에 보수집단을 만들기 위한 주입식 교육도 할 수 없게 되었으며, 더욱 더 진보집단을 만들기 위한 의식화 교육 자체가 불가능하게 되었다. 국가도 결코 개인에 대한 책임을 질 수 없는 세상이 되어버렸다.

모든 사회 조직체의 구성원들은 메가트렌드 속에서 자기 경영과 자기 개발을 통해 살아가야 하며, 제2인생은 물론 제3–4인생까지도 엮어가야 한다. 그렇기 때문에 하나의 인생역정에서 어떤 독특한 이념을 내세워 미사여구(美辭麗句)를 사용하면서 목숨을 걸고 싸워서 얻는 출세도 이제는 불가능하게 되었다. 이에 따라 자연적으로 성공 전략도 바뀌게 된다.

이와 같이 자신의 인생을 개척하기 위해서는 21세기 가치관과 패러다임을 필수적으로 선택해야 한다. 그리고 21세기 가치관과 패러다임에 친숙해지기 위한 노력을 계속해야 한다. 이러한 일련의 과정은 자연적으로 보수적 성향을 갖도록 만든다. 우리는 21세기 가치관과 패러다임을 견지해야 하고, 이들 가치관은 21세기 사회의 전통적 가치관으로 자리잡아 가게 된다. 이러한 변화가 우리 주변에서 이미 나타나고 있다. 즉 20세기 사회에 대한 비판과 21세기 사회에 대한 저항보다는 오히려 새로운 패러다임에 친숙해져 가고 있다.

지금 나타나고 있는 가치관의 변화는 강력한 자아(극우보수와 진보는 모두 강력한 자아를 표방하고 있다. 21세기 사회는 강력한 자아를 표방하는 사람을 거부해 버린다)보다는 이상과 현실이 통합된 자아로, 죽음과 질병을 두려워하고 회피하는 것보다는 이를 수용하고 대처하는 웰 엔딩(Well-ending) 문화로 바뀌고 있다. 자아 억제에서 자기 표현으로, 외적 억압 해소에서 내적 억압 해소로, 인간우위 사상에서 생태학적 윤리로 바뀌고 있다. 그리고 제도적 도움(극우보수와 진보 모두 제도적 도움을 강조하는 양상을 나타낸다. 특히 진보이념은 제도적인 분배를 하면 천국이 올 것으로 잘못 인식하고 있다)보다는 자기 자신의 노력으로 살아가기 위한 생활양식이 이미 자리를 잡아가고 있다. 이와 같은 21세기 가치관 속에는 정치적 극우 보수이념이나 진보이념이 들어갈 공간 자체가 없어져 버린다. 특히 극우보수와 진보계층의 상징인 강력한 자아는 그 존재가치를 잃어버렸다.

새로운 사회를 끌고 나갈 패러다임은 사람을 소비 촉진자보다는 수익 창출자로 보고 경제의 초점은 수확체증의 법칙에, 그리고 힘의 원천은 개인의 지식 수준에 두고 있다. 생산의 효율성은 네트워크 영역에, 학습목적은 지식창조에 두고 있다. 수익 기본 형태를 유형에서 무형으로 보고, 생산표출을 유형제품에서 무형구조로 보고 있다. 이러한 패러다임에서는 극우보수와 진보적 정책이념이 파고들어 갈 틈이 없다. 특히 21세기 패러다임은 진보적 이념과는 아주 먼 거리에 있다.

지금 우리 사회는 보수와 진보의 논쟁과 과거 심판을 초월하여 새로운 가치관과 패러다임으로 새롭게 무장할 것을 요구하고 있다.

(6) X세대와 닷컴 세대의 성향

보수적 성향 패러다임은 바로 오늘의 X세대와 닷컴 세대에 연결된다. X세대는 30대를 의미하며, 닷컴 세대는 20대를 의미한다. 이들은 21세기를 끌고 갈 중추세력이다.

이들은 20세기 고성장 경제시대에서 태어나 21세기 저성장 경제시대를 살아가야 한다. 오늘은 문제아이지만 내일의 지도계층에 속한다. 젊은이들의 가치관은 보수와 진보 양 계층에게는 이상하게 보일지라도 바로 이들의 가치관이 21세기 가치관으로 자리를 잡게 되고, 젊은이들은 21세기 가치관을 지키면서 살아가기 때문에 자연적으로 보수적 성향을 띠게 된다.

최근의 우리나라 "X세대의 가치관 조사"(제일기획, 2005. 11. 30)

에 의하면, 이 연구에서는 이들 세대를 전통과 혁신을 잇는 미드필드라고 표현되고 있다(바로 보수적 성향을 의미한다). 이들 세대는 개성을 존중하는 특성을 나타내면서 어릴 적에는 풍요시대를 살아왔고 고성장기에 고등교육을 받았으나 충동구매보다는 정보분석을 통한 현실적인 소비관을 가지고 있는 것으로 나타났다. 또한 문화에 대해 개방적이며 글로벌 감각이 높은 것으로 나타났다. 바로 21세기 가치관이 이들 가치관과 연결되고 있다.

6년간 퓨처리스트(1999–2005)를 통해 발표된 X세대와 닷컴 세대의 가치관, 특성과 생활양식에 관한 내용을 종합해서 요약해 보면 다음과 같다.

● X세대는 이들 부모 세대와는 달리 상호 간에 공통 관심사를 가지고 있으며, 공통 관심사를 글로벌화시켜 세계를 움직여 나가고 있다.

● X세대는 세계적으로 반체제운동이 일어났을 때 태어났으나 반체제운동에는 관심이 없다. 닷컴 세대는 테러가 유행하기 시작했을 때 태어났으나 테러리즘을 배격한다.

● 이들은 그들 나름대로의 공통 관심사를 중심으로 그들의 행동양식을 설정하고 있다. 오히려 이들은 사회적 · 경제적으로 보수적이다. 이들은 부모 세대가 비상시를 대비해서 저축했던 것보다 훨씬 일찍이 저축하는 경향이 있다.

● 결혼은 늦게 하되 안정된 생활을 유지하려고 한다. 이들은 부모 세대보다 더욱 더 가정의 유대를 중요하게 생각하고 있다. 서구에서는 이들의 이혼율이 부모 세대보다 낮아지고 있는 것으로 나타났다. 한국의 경우는 이들 세대의 이혼율이 높아지다가 최근 몇 년 전

부터 낮아지고 있는 것으로 나타났다.

● 지금은 과거와 같이 사회보장제도나 연금에 의존해서 일생을 보낸다는 것은 거의 불가능하게 되었다. 그렇기 때문에 X세대와 닷컴 세대에게는 자립정신이 필수적으로 요구되고 있다.

● X세대와 닷컴 세대는 성장 중심의 사회에서 태어났다. 그러나 이들은 저성장의 그늘에서 당황하고 있다. 이러한 상황 속에서 이들은 기업가 정신을 발휘하지 않으면 안 되게 되었다. 또한 이들은 저성장시대를 살아온 부모와 할아버지 세대로부터 삶의 지혜를 배워야 한다. 특히 우리 사회에서는 세대통합 공동 CEO 정신이 절실하게 요구되고 있다.

● 새로운 기업가 세대인 닷컴 세대는 하위직을 전혀 경험하지 않은 세대이다. 그런데도 이들은 사업 지향적인 세대로 부각되고 있다.

● 닷컴 세대는 정치계나 정부 조직체 내에서 승진경로를 밟아가면서 장기간 직책을 보유하는 사람이 되거나, 또는 기업체의 전문 경영자가 되기보다는 자신의 사업을 경영하려고 한다. 또한 이들은 일생동안 자신의 사업을 자주 교체하려고 한다. 심지어 최고 5번 정도 교체할 것으로 전망하기도 한다. 이들은 제3 · 4의 인생까지 살아가야 하기 때문에 여러 차례의 라이프 사이클을 엮어나가야 한다.

● 현재 중국의 닷컴 세대는 중국의 경제발전에 크게 기여하고 있다. 더욱 더 중요한 것은 이들이 공산당에 대한 강력한 발언권을 확보하고 있다는 것이다.

● 인도의 젊은이들은 그들 부모 세대와는 달리 미국 사람들을 동반자 관계로 보고 서구식 복장과 서구식 사고(思考)를 하고 있다.

그리고 실험실과 산업현장으로 달려가고 있다.

21세기에 들어와서 선진국은 물론 산업화된 국가에서도 새로운 정책방향과 패러다임을 지난 4세기를 지배해 온 다출산 세대의 사고의 틀보다는 오히려 X세대와 닷컴 세대 사고의 틀 속에서 찾지 않으면 안 되게 되었다. 그리고 지금까지 밝혀진 이들의 가치관, 특성과 생활양식에서 21세기 사회를 이끌고 나갈 보수적 성향을 찾아보는 것도 대단히 중요하다.

(7) 신이념세계

1990년대 초부터 2005년까지 이념논쟁의 과정 속에서도 21세기 사회의 특성은 계속해서 드러나고 있었다. 2006년부터 우리는 21세기의 특징을 받아들이면서 친숙해지지 않으면 안 되게 되었다. 그리고 이들 특징에서 나타난 가치관과 패러다임을 지키면서 살아가야 한다. 바로 보수적 성향의 새로운 세계가 열리게 된다.

2020년까지 세계를 끌고 갈 세대는 바로 X세대와 닷컴 세대이다. 이들 세대는 극우보수와 진보세력의 이념 사이클과는 정반대이다. 이들은 반체제운동이 성행하던 시대에 태어났으나 반체제운동에는 관심이 없다. 이와는 달리 극우보수와 진보의 양 계층은 반체제운동에 관심이 높은 세대이다. 또 이들 젊은 세대는 사업과 사회활동을 통한 자아실현과 가정을 중요하게 생각하는 가치관을 가지고 있다. 또 이와 같은 젊은 세대의 가치관과 극우보수 및 진보 양 계층의 가치관과는 정반대이다. 극우보수와 진보 양 계층은 가정에는 별로 관심이 없고, 자신의 개성을 실현하기 위한 노력보다는 주로 정치적 목적을 향하여 투쟁을 한 계층에 속한다.

필자는 정치계의 386세대에게 간곡히 부탁한다. 부디 해외여행도 많이 하고 미래 관련 서적도 많이 읽어 자기 성장을 통한 훌륭한 정치인이 될 것을. 그렇지 않으면 얼마 가지 않아서 X세대와 닷컴 세대에게 밀려나게 된다. 이러한 일도 우리에게는 큰 손실이며, 하나의 위기로 나타난다. 이어 달리기 경주에서 반드시 선수마다 이어서 달려야 할 거리가 있다. 정치세계에서 순조로운 세대교체와 세대별 균형이 이루어져서 정상적인 정치활동이 이루어졌을 때 순조로운 국가발전을 기약하게 된다.

지금 우리가 살고 있는 사회는 보수적 성향으로 가고 있다. 이러한 보수적 성향은 앞서 가치 패러다임에서 논의한 신가치 패러다임과 결합된다.

4. 과학기술 메가트렌드

우리는 지금 과학기술 선진국으로 가는 길목에 서 있다. 6 · 25 때에 우리는 전쟁의 폐허 속에서 버려진 통조림 캔을 자르고, 두들기고, 이것을 펴고 이어서 지붕 덮개로 사용하였다. 이때 외국인들이 이것을 보고 한국 사람은 참으로 지혜롭다는 이야기하였다. 그때와 비교하면 지금은 놀랄 정도로 발전했고, 우리는 충분히 과학기술 선진국으로 갈 수 있다.

1972년에 한국 정부는 국가발전을 위한 인재를 양성하려고 하였으나 공과대학과 의과대학에 필요한 실험실습 기재가 없었다. 설상가상으로 이들 실험실습 기재를 사들일 수 있는 국가 재원이 없었다. 정부는 대학교육에 필요한 실험실습 기재를 구입하기 위해 세계은행에 교육차관을 청구하였다. 그러나 세계은행은 냉정하게도 한국 정부와 대학을 믿고 교육차관을 제공할 수 없다고 거절한 안타까운 과거가 있었다.

급기야 정부는 유세이드(USAIDS) 로버트 제이 켈러(Robert J. Keller) 박사를 한국 고등교육개혁사업 자문관으로 초빙하였다. 이어서 켈러 박사가 한국 고등교육개혁사업을 성공적으로 수행하도록 자문을 하겠다는 내용을 담은 건의서를 세계은행에 보낸 후에 교육차관을 받아서 실험실습 기재를 사들였다. 바로 이것이 실험실습을 통한 본격적인 과학교육의 시작이었다. 이때에 착수한 대학 개혁 프로그램이 바로 실험대학 운영과 특성화 정책이었다.

(1) 천당과 지옥

우리는 지금 과학기술 선진국으로 가는 길목에서 천당과 지옥을 발견하게 되었다. 다름 아닌 줄기세포 조작사건이었다. 왜 과학기술 연구과정에서 윤리성과 투명성이 철저하게 확보되어야 하는가? 다음과 같은 명제를 읽어보면 과학기술 연구과정에서 철저한 윤리성과 투명성을 요구하는 이유를 알게 될 것이다.

● 의학이 인간의 병을 다루고 과학이 문명의 이기를 제공하고 기적(奇跡)의 세계를 개척하는 도구라면, 그것을 바르게 연구하고

사용하도록 돕는 것이 철학과 윤리학이다.

● 특히 과학기술 연구과정에서는 1%의 의문과 1%의 과오까지도 절대로 용인되어서는 안 된다. 1%의 과오가 전 인류를 파멸시킬 수 있는 피해를 가져올 수 있기 때문이다.

● 첨단과학을 개발하기 전에 인격 주체로서의 인간에 대한 인식이 필요하고, 수량의 단위로 표시할 수 있는 단순한 물체와 시공의 복합체인 인간은 결코 동일시될 수 없다는 지각이 필요하다.

● 과학은 진리를 추구하고 공학은 필요한 기능을 값싸게 제공하고 있지만 반드시 과학과 공학은 인간 윤리와 문화적 가치를 포용하지는 않는다.

● 과학은 모든 형태를 필연이 아니면 우연으로 규정해 버려서 자유와 책임을 흐리게 하는 결과를 초래하기 쉽다.

● 규격미달 제품을 다시 고쳐서 사용하더라도 사회적 손실은 마찬가지라는 경제윤리와 사회윤리가 기술공학의 개발과정에 반드시 포함되어야 한다.

위와 같은 명제(命題)들은 과학의 윤리성 준수와 연구과정의 투명성 확보의 필연성을 대변해 주고 있다.

우리는 지금 무엇보다도 줄기세포 사건으로 표출된 가장 기본적인 문제를 풀어나가는 데 초점을 맞추어야 한다. 그리고 부정적인 면보다는 긍정적인 면을 살려서 과학기술 선진국 건설을 위한 새로운 토양을 만들어야 한다. 줄기세포 충격은 한국이 과학기술 선진국으로 진입하는 데 또 다른 하나의 촉진제를 제공한 것으로 평가해야 한다. 이 사건은 바로 우리의 젊은 과학도들에게 과학기술 분야의 새로운 발명과 발견은 국제사회에서 높은 명성을 얻을 수 있다는 것을 느낄 수 있게 만들어 주었다. 이는 우리의 젊은 과학도들에게 무한한 도전의 길을 가르쳐 준 것이다.

그리고 우리 국민들이 이 사건을 통해 얻은 교훈은 앞으로 또 다른 시너지 효과를 가져다 줄 것이다. 그리고 많은 사람들이 이 사건을 계기로 국내에서 최첨단 과학기술을 개발하여 세계로 갈 수 있는 길을 알게 되었다. 또 첨단 과학기술을 개발하기 위해서는 어떻게 팀을 구성해야 하고 어떻게 팀워크를 구축해야 하는가도 알게 되었다. 또 우리에게 절실하게 요구되고 있는 것은 투명성과 윤리성의 확보가 가장 중요하다는 것도 절감하게 되었다. 특히 줄기세포의 논란 속에서 어떤 특정인을 지지하는 계층과 비판하는 계층에만 관심이 지나치게 집중되어 반드시 논의하고 넘어가야 할 초점을 놓쳐버렸다는 점은 정말 안타까운 일이다.

이러한 논란과정에서 과학기술 윤리 시스템의 강화 필요성을 절감하면서 대학과 연구기관에서 윤리위원회를 설치하고 강화하는 작업이 이루어졌더라면 국제사회로부터 높은 평가를 받을 수 있었을 것이다. 특히 언론방송에서 이러한 면을 깊이 있게 다루었더라면 언론방송이 사회적 교사(教師)로서의 역할을 충분히 해냈다는 훌륭한 업적을 남겼을 것이다.

(2) 과학의 순환과 발전

과학도 물과 같이 흐른다. 과학도 세월을 따라서 자란다. 2000-2040년대는 과학의 흐름이 서구에서 동양으로 밀려오는 시기이다.

이미 이러한 현대 과학기술 문명의 물줄기가 급격하게 동양으로 밀려오기 시작하였다. 이와 때를 같이하여 1900년경을 전후하여 아시아 지역에 적용되었던 초기 단계의 과학기술은 100년의 주기를 가까이 하면서 예측 불가능할 정도의 변화를 일으키기 시작하게 된다. 우리는 이와 같은 과학기술의 흐름 한가운데 서 있다.

1세기부터 14세기까지는 동양의 과학기술이 서양에 앞섰다. 일찍이 토인비도 서구인들이 기계문명은 서양의 것이며, 그 발생지가 서양이라고 생각하는 것은 큰 잘못이라고 지적하였다. 동양의 과학기술은 15세기까지 서양으로 전파되었다. 특히 14세기 이전에는 화약, 시계, 종이 등 여러 가지 신발명품들이 동양에서 만들어져서 서양으로 전파되었다.

서양으로 전파된 동양의 과학기술은 서구인들의 진취적 기상과 결부되어 새로운 과학기술 문명의 세기를 열었다. 서구인들은 보다 더 발전된 과학기술로 전쟁문화를 산출하여 동양을 지배하기 위해 끊임없는 침략을 계속하였다. 16세기부터 19세기까지 계속된 서구의 동양에 대한 공략에 대해 동양은 끈질기게 저항하면서 고유문화를 보존하여 왔다. 서구인들은 침략을 자행하면서 동양의 문화유산을 수탈하여 갔다. 그리고 그때 수탈해 갔던 동양의 문화유산을 지금까지 돌려주지 않고 그들의 박물관에 장식해 놓고 있다.

서구의 침략과 맞서는 동양의 쇄국주의(鎖國主義)는 애석하게도 전쟁과 함께 밀려오는 과학기술까지도 수용하지 못했다. 예를 들면 한반도에 대한 열강의 계속된 침략과 함께 밀려오는 과학기술도 일본을 거쳐 다시 서구로 돌아가는 현상을 초래하였다. 이러한 과정에서 일본은 서양에서 밀려오는 선진과학기술의 이전을 독점하는 행운을 누렸다.

그러나 20세기 초에 동양에 적용되었던 과학기술은 1세기의 진화과정(進化過程)을 거쳐 도약의 발판이 마련되어진다. 이러한 결과로 2000－2040년 기간에는 서구에서 동양으로 밀려들어 오는 과학기술의 흐름과 동양 내에서 성장한 자생적 과학기술과 자연스러운 결합이 이루어진다. 이미 한국을 비롯한 주변 국가에서 세계 최초의 새로운 과학기술들이 개발되고 있다.

과학문명의 발달은 과학기술 교육과정이 고등교육기관에 정규 교육과정으로 적용됨으로써 과학교육이 시작된다.[88] 과학철학자에 의하면 과학교육이 100년에 가까워지면 위대한 힘을 발휘한다고 한다.

[88] 세계에서 제일 먼저 과학교육을 대학에 적용한 나라는 독일이었다. 독일은 과학교육을 1809년에 고등교육에 적용하였다. 그 다음으로 미국이 과학기술을 고등교육에 적용하였다. 미국은 독립 후에 탈(脫)영국을 내세우면서 독일로부터 적극적으로 과학기술교육을 받아들였다. 미국은 1820년부터 1850년까지 다양한 과학교육 프로그램을 고등교육의 여러 분야에 적용하였다. 영국은 1840–1850년까지 기존 대학에 과학교육을 적용하였고, 새로운 과학기술 중심의 대학을 신설하기 위한 운동을 전개하였다. 예술과 인문을 숭상하는 프랑스는 영국보다 늦게 과학교육을 받아들였다.
러시아는 짜르 체제를 고수한 결과 1880년대에 이르러서야 고등교육에 과학교육을 적용하기 시작하였다. 일본은 러시아의 대륙횡단 철도 부설계획에 큰 충격을 받았다. 이러한 충격은 일본이 1880년대에 과학교육을 고등교육에 적용하게 만들었다.

20세기에 국제사회를 주도하는 강대국들은 모두 1800년대에 과학교육을 고등교육에 적용한 나라들이었다. 이들 국가들은 전쟁무기를 개발하고 국방력을 강화하여 제1차 세계대전과 제2차 세계대전을 주도한 국가들이었다. 또 이들 국가들은 조선 말기에 한반도의 문호개방을 요구하며 번갈아 가면서 한반도를 끊임없이 침략한 나라들이었다. 지금도 이들 국가들은 세계 강대국으로 군림하면서 국제적인 리더십을 발휘하고 있다.

태국과 일본 등을 제외한 대부분의 아시아 국가들은 20세기를 전후하여 열강의 식민지가 되었다. 이들 나라들은 20세기 초에 식민지 정부에 의해 고등교육에 과학교육을 적용하였다. 적용된 과학교육은 극히 부분적이었다. 그리고 과학교육의 주체성이 결여되어 있었다. 이들 국가들의 과학교육은 1945년경에 독립을 하면서 주체적으로 실시되었다. 그리고 1960년대에 본격적으로 서구의 과학문명을 받아들이기 시작하였다. 이러한 과정을 거친 이들 국가들은 2000-2040년 기간에 획기적인 과학기술 발전의 시대를 열어가게 된다. 한국은 선진 IT기술로 무장하여 이와 같은 흐름의 중심에 서 있다.

(3) 한국인의 과학기술 잠재력

우리 민족은 독창력이 강한 민족이다. 기미독립선언서에서도 "우리 민족의 독창성(獨創性)을 발휘하여 우수한 우리 민족문화를 꽃피우자"고 선언하고 있다. 1만여 년의 우리 역사를 되돌아 보면 인문을 숭상하면서도 과학기술 분야에서도 독특한 능력을 발휘해 왔음을 확인할 수 있다. 따라서 산적한 오늘의 교육문제를 점진적으로 해결해 가면서 교육적 · 문화적 환경을 개선해 나간다면 충분히 과학기술 선진국을 이룩할 수 있다. 주입식 입시 위주의 교육풍토 속에서도 국제 학력평가에서 나타난 학생들의 과학성적이 상위수준에 있다는 점은 퍽 다행스러운 일이다.

● 8학년의 과학학업 성취도

국제교육평가협의회(TIMSS International Mathematics Report, 2000, Boston College, Center for the Study of Testing, Evaluation and Education Policy)가 실시한 8학년(중학교 2학년) 학생의 과학학업 성취도는 1995년과 1999년에 똑같이 4위였으나 2003년에는 남녀 다같이 1위(2위 일본, 3위 헝가리)를 차지하였다.[※]

※ 필자가 국제평가협의회 국내 조정관을 맡았던 1980년대 우리나라의 중학교 2학년 학생의 과학성취도는 1위-2위였다.

● 15세 학생의 과학학업 성취도

피사(PISA)의 만 15세 학생의 읽기, 수학, 과학 성취도 결과(Education at a Glance, 2003, OECD)에 의하면 2000년도에 실시한 한국 학생의 과학학업 성취도 성적에서 한국 학생은 1위(일본 2위, 영국 3위, 캐나다 4위, 스웨덴 5위)였다. 우리는 앞으로 지금 실시하고 있는 대학 입시의 논술고사를 학생들의 창의력, 사고력, 과학적 탐구력을 촉진할 수 있는 방향으로 발전시켜야 한다. 대학은 학생들이 논술과외를 받지 않고 충분히 창의력을 발휘할 수 있도록 논술고사를 관리할 수 있는 대학 자체의 능력을 갖추어야 한다. 앞으로 한국 대학은 이러한 과업을 충분히 수행해낼 것으로 믿는다.

OECD 보고서(2002)에 의하면 한국의 고등교육기관 이공계 배출비율이 41.6%(독일 34.4%, 프랑스 30.0%, 일본 29.1%, 영국 27.1%, 미국

18.1%)로 단연 1위로 나타났다. 세계의 대학사(大學史)를 살펴보면 미국과 일본이 고도성장을 하고 과학기술이 본격적으로 개발될 때에는 거의 현재 한국과 비슷한 이공계 배출비율을 나타내고 있었다. 특히 일본이 미국을 추월하여 높은 경제성장률을 올렸을 때에 미국은 이공계 출신보다는 의사와 변호사를 많이 배출했다. 이와는 달리 일본은 의사와 변호사보다 이공계 출신을 많이 배출했다.

1990년대부터 미국 등의 선진국에서 나타나는 또 다른 특징은 많은 젊은이들의 이공계 지원은 급격하게 감소되는 반면에 많은 학생들이 법대와 의대를 지원하였고, 변호사가 되어 의사와 기업을 자문하면서 살려고 하는 풍조가 만연하여 미국의 경제성장을 둔화시키는 요인이 되었다고 지적하는 미래학자도 있다. 한국도 이와 같은 전철을 밟지 않기 위한 특별한 조처가 필요하다.

한국의 과학경쟁력(World Competitiveness Yearbook 2003, IMD)은 연구개발 투자, 연구인력, 과학적 환경, 지적 재산권을 종합해 보면 2001년 21위, 2002년 10위, 2003년 10위로 나타나 있다. 이러한 잠재력은 우리나라를 과학기술 선진국으로 만들기에 충분하다. 그러나 우리는 지금까지 우리가 가지고 있는 과학기술 잠재력을 충분히 발휘하지 못하였다. 앞으로 과학기술 잠재력을 충분히 발휘할 수 있는 새로운 체제를 구축해야 한다.

(4) 과학기술 발전의 촉진제

지금 많은 젊은 세대들이 이공계를 선택하고 있어 젊은 과학도의 증가추세는 과학의 미래를 훨씬 밝게 만들고 있다(부분적으로 이공계 기피현상이 나타나고 있으나 앞으로 조정이 가능할 것으로 본다). 특히 해외 유학생 중에서 이공계를 전공하는 학생의 수는 계속 증가하고 있다. 또 정치권의 부패는 많은 엘리트들이 정치학을 비롯한 사회과학을 멀리하고 이공계를 선택하도록 만들었다.[※] 이와 같은 변화는 1990년대 중반부터 나타났는데, 바로 이러한 현상은 우리 사회의 진보정치의 출현과 비슷한 시기에 나타나고 있다.

※ 정치학을 기피하는 현상이 어느 한도를 넘어서는 것도 국가발전을 위해 좋지 않은 점이다. 필요한 만큼의 엘리트들이 정치학을 전공하여 정계진출을 하는 일도 보편화되어야 한다. 엘리트들이 정치학을 기피하는 일은 바로 정치적 리더십을 약화시켜 국가의 위기를 가져올 수 있는 징표가 된다.

또 다른 우리 사회의 과학기술 발전을 위한 분기점도 1990년대 중반 이후에 나타났다. 이러한 변화는 기능강국에서 과학기술 선진국으로 전환하기 위한 움직임이었다.

● 기능과 IT기술의 결합

한국은 1965년 제16회 국제기능올림픽대회 때부터 국제기능올림픽에 참가하였다. 17 · 19회 대회 3위, 21 · 22회 대회 2위, 그리고 1977년 23회 대회 때부터 종합우승을 차지하였으며, 21세기에 들어와서도 종합우승을 계속하는 역사적인 기록행진을 하여왔다. 이와 같은 성과는 제조업 중심의 수출품들이 해외로 진출할 수 있는 탄탄한 기반을 만들어 주었다. 나아가서 우리나라를 수출입국으로 부각시키는 데 중요한 역할을 하였다. 국내적으로는 청소년들의 취업과 실업교육을 강화해 주는 역할도 하였다. 지금도 국제기능올림픽대회의 종합우승은 경제성장을 뒷받침하는 데 중요한 역할을 하고 있다.

기능강국의 터전은 1990년대 말부터 한국이 IT선진국으로 가는 하나의 분기점을 마련하여 주었다. 즉 기능과 IT의 결합을 가져오게 된 것이다. 다양한 제조기능이 컴퓨터를 통해 과학적 의사소통을 하게 되어 IT기술이 선진화될 수 있는 길을 터주게 된 것이다.

● IT 중심 과학적 의사소통: BT · NT 첨단화 촉진

이러한 과학적 의사소통은 한국 과학기술 발전의 촉진제가 되었으며, 한국을 IT선진국으로 부상시켜 놓았다. 이로 인해 우리는 가장 경쟁력이 높은 IT상품을 창조해냈다. 지금은 선진 IT기술이 선진 BT(생물공학기술 : Bio-Techology) 개발을 촉진시키고 있다. 지금 우리의 BT분야가 활기차게 움직이고 있는 것도 IT기술에 의한 과학적 의사소통의 우수성에서 온 것이다. 줄기세포 사건은 국제사회에서 정말 너무나도 창피스러운 일이었지만 우리의 선진화된 IT기술은 앞으로 BT뿐만 아니라 NT(극소형 기술공학: Nano-Techology)도 선진기술 수준으로 끌어올릴 것이다. 결국 한국은 3T(IT+BT+NT) 융합기술로 발전하게 되고, 3T 융합기술은 자연적으로 CT와 ET기술까지도 선진화시킬 것이다.

또 선진국을 중심으로 늦어도 2020년까지 인공지능 신소재 인프라가 구축될 것으로 예측하고 있다. 그러나 한국의 경우는 현재 유비쿼터스 등의 발달속도로 볼 때, 한국은 2010년부터 인공지능 신소재 인프라가 구축되기 시작할 것으로 예측되어 과학기술 선진국의 달성은 충분히 2020년까지 이루어질 것으로 전망된다. 인공지능 신소재 중심 인프라가 구축되면 한국 과학기술의 발전은 더욱 더 가속화될 것으로 예측된다. 그 이유는 컴퓨터를 통해 인공지능 인프라와 함께 과학적 의사소통이 보다 더 높은 질적 수준을 유지해 주기 때문이다.

(5) 전통 의식주 생활과학

한국의 의식주 생활문화는 수준 높은 과학성을 지니고 있다. 또한 우리의 전통적 의식주 생활은 수많은 과학적 원리를 포용하고 있다. 바로 우리의 의식주 생활 그 자체가 과학이었다. 우리의 선조들은 참으로 지혜로운 생활을 하였다.

● 한국인의 4계절 의생활

우리의 전통 한복은 남자는 바지와 저고리, 여자는 치마와 저고리로 봄, 여름, 가을, 겨울의 4계절에 따라 갈아입는 한복은 대단히 과학적이었다. 또 봄과 가을의 무명옷과 비단옷은 색깔과 옷감의 질이 봄과 여름 날씨에 잘 어울리도록 만들어졌다. 여름의 삼베옷과 모시옷은 냉장고나 선풍기 없이 부채 하나로 여름철을 지낼 수 있도록 시원하게 만들어져 있다.

겨울의 솜옷을 보자. 난방장치 없이도 찬바람과 추위를 이겨낼 수 있는 방한복이다. 이렇게 계절에 따라 아름답게 과학적인 의생활을 하는 민족은 세계 어느 곳에서도 찾아볼 수 없다. 특히 우리의 전통 한복은 자연색채로 계절에 따라 다른 색깔의 물을 들여 자연과 조화를 이루는 자연의 순리를 그대로 반영하고 있다.

서구식의 양복은 1876년 개화 후 개화파 정치인 서광범이 처음 양복을 입은 것이 국내 양복사의 시작이라고 한다. 그후 서구식 양복은 남녀의 정장으로 자리를 잡았다. 2000에 접어들면서 한복을 입는 인구가 늘어나다가 조금 주춤해졌으나 2010년부터는 계속되는 자동화 시스템과 인공지능 신소재 인프라가 구축되어 사람의 육체적 작업이 급격하게 줄어들면서 한복 인구가 늘어날 것으로 예측된다. 한복이 그만큼 편하고, 과학적이며, 친환경적이기 때문에 한복문화는 새로운 웰빙 의복으로 자리를 잡아가게 될 것이다.

● 할머니의 손끝에서 감지된 센서

전통음식은 다양하기는 하지만 평가나 자격기준 설정에 문제가 있어 글로벌화가 지연되고 있다. 전통음식의 글로벌화를 위해서는 자격기준에 관한 연구가 필요하다.

한국인의 전통음식 역시 과학적이고 친환경적이다. 그리고 위생적인 건강식품이다. 또 그 종류야말로 이루 헤아릴수 없을 정도이다.[※]

※ 한국 유학생이 미국에서 박사학위를 끝내고 지도교수를 가정으로 초대했다고 한다. 이 유학생의 부인은 여러 가지 나물과 전, 국과 떡을 준비했다고 한다. 지도교수는 다양한 음식의 종류를 보고 "원더풀" 하면서 음식을 먹으면서 "과학적"(scientific)이란 말을 반복했다고 한다. 그는 다양한 음식의 맛, 그리고 얼마되지 않는 재료를 가지고 여러 가지 음식을 만들어낸 것에 대해 감탄했다고 한다.

나물 하나만 예를 들어보자. 산나물, 들나물, 돗나물, 콩나물, 시금치 나물, 부추 나물, 미나리 나물, 도라지 나물, 취나물, 피마자 잎사귀 나물 등 이루 헤아릴 수 없을 정도로 많다. 그런데 나물의 종류가 문제가 아니라 이 나물을 주무르는 할머니와 주부의 솜씨는 고차원의 과학성을 지니고 있다. 바로 나물을 주무르는 할머니와 주부의 손가락 끝의 감지(感知) 수준은 마치 스마트카드나 센서의 역할보다 더욱 더 고차원의 기능을 갖추고 있다.

떡의 종류도 엄청나게 많다. 시루떡, 찰떡, 인절미, 쑥떡, 가래떡 등 나물 종류 이상으로 다양하다. 그런데 다양한 떡 역시 각각 다른 멋과 맛을 만들어낸다.

김치는 더 많은 과학성을 포용하고 있다. 지금 김치는 국제사회에서 인기가 높다. 한국 사람들은 김치를 한 끼도 거르지 못한다. 또 김치를 애호하는 외국인들의 수는 날로 증가하고 있다. 이와 같은 김치는 그 인기 못지않게 갈수록 국내외적으로 김치의 과학성과 기능에 대한 관심도 높아지고 있다. 지금까지 수행된 연구결과에서 나타난 김치의 우수한 기능도 다양하게 확인되었다.[※※] 최근 국제사회에서 김치를 인류 문화유산으로 유네스코에 등재하자는 이야기까지 나오고 있다.

[※※] 첫째, 김치는 생체조절 기능을 가지고 있어 소화를 촉진하고 면역성을 강화시켜 준다. 둘째, 김치는 질병예방 기능을 가지고 있어 항균성, 소염성, 항돌연변이성, 항암성을 가지고 있다. 셋째, 질병회복 기능을 가지고 있어 상처 치료성을 강화하고, 혈중 콜레스테롤을 저하시켜 준다. 넷째, 생체 리듬을 조절하고 노화를 억제해 준다.

문제는 이와 같은 김치의 과학적 기능도 중요하겠지만 김치의 주원료인 배추, 무, 고추, 마늘, 생강, 젓갈 등은 각각 다른 영양소와 비타민을 가지고 각각 다른 기능을 한다. 이러한 김치재료를 다양하게 구성하여 다양한 기능을 발휘하는 김치를 헤아릴 수 없을 정도로 다양하게 만들 수 있다. 이는 김치 자체가 가지고 있는 과학성이며, 또 한국인의 과학성은 김치의 과학성을 실용화시키는 데 탁월한 능력을 갖추고 있다.

우리는 김치, 고추장, 된장, 간장, 젓갈 등의 발효음식을 부식으로 즐겨 먹는다. 이런 음식은 숙성(熟成)이 되어야 제 맛을 내는 음식이다. 숙성을 위해서는 기술과 기다림이 필요하다. 이와 같은 숙성의 기술은 바로 우리가 최첨단 고품질의 제품을 만들어낼 수 있는 과학적 역량을 갖게 만든다.

우리는 우리의 전통음식에서 다양성을 중심으로 맛과 멋, 과학성과 창조성, 그리고 친환경을 찾아보게 된다. 특히 전통음식에서 한국 여성의 우수한 지식 근로능력이 발휘되고 있는데, 이는 바로 21세기에 한국 여성이 우수한 고급 지식 근로자로 전환될 수 있음을 입증해 주고 있다.

● 친환경 잠자리

인간의 정서와 친환경을 기준으로 아파트와 전통가옥의 과학성을 평가해 본다면 요즘 아파트의 지수는 50 이하일 것이며, 우리의 전통주택은 100에 가까울 것이다.

추위, 햇볕, 바람을 고려하여 건축된 전통가옥은 겨울에는 따뜻하고, 여름에는 시원하며, 봄과 가을에는 자연을 즐길 수 있도록 설계되어 있어 과학성과 친환경성은 최고의 수준에 이른다. 하늘로 나를 듯이 솟은 지붕, 대청마루와 온돌, 그리고 마당은 바로 사계절을 수용하고 있다. 또 계절에 따라 햇볕과 바람을 적절히 수용하도록 건축되어 있는 한국 전통가옥은 자연의 에너지와 과학적 에너지를 자연의 순리에 따라 흐르도록 창안해 놓고 있다.

전통가옥은 대부분이 안채와 사랑채로 구분되어 있다. 그리고 가옥의 배치도는 덜 추운지방은 “ㄱ”자 형태로, 추운지방은 “ㅁ”자 형태로 되어 있다. 특히 사랑채는 손님이 머무는 곳으로 항상 사람을 맞이할 준비를 하고 있으며, 안채는 주로 집안일을 치르는 곳으로서 가정의 사생활을 보호하고 있다. 그리고 동네와 주택은 항상 자연의 일부분으로 자리를 잡고 있다.

특히 우리의 전통가옥은 친환경성, 과학성과 예술성을 겸비하고 있다. 전통가옥의 기와집 지붕은 직선경사가 아니라 곡선경사로 되어 있다. 이와 같은 곡선경사 지붕은 첫째는, 주변 자연환경과 조화를 이루고 있다. 둘째는, 직선경사보다는 곡선경사 지붕에는 빗물이 빨리 흘러내려 과학적이라는 것이다. 셋째는, 곡선경사 지붕은 예술적인 미를 나타내고 있다는 점이다.

이러한 한국인의 전통적인 의식주 문화 속에 흐르고 있는 한국인의 과학성(科學性)과 창조성(創造性)은 제조기능과 결합되고, 또 IT문화와 결합되어 과학기술 선진국을 창조하는 에너지로서 앞으로 폭발적인 힘을 발휘하게 될 것이다.

● 왜 지금 한국은 중국에 밀리고 있는가?

한국이 중국에 밀리는 것은 바로 한국 제조업의 공동화 현상에서 오고 있다.[88] 특히 중소 제조업이 공동화 현상에 이르게 되면 젊은 과학자들은 그들의 생존공간을 잃어버리게 된다. 많은 젊은 과학자들은 중소 제조업체 내에서 그들 나름대로 창조를 위한 정열을 쏟게 된다. 이와 같은 젊은이들의 정열 속에서 새로운 기술과 제품이 나오게 된다.

---

[88] 1980년과 2003년을 기준으로 한국과 중국을 비교해 보면 세계시장 점유율 5위까지의 수출품목은 한국은 1980년의 68개에서 2003년에는 62개로 줄어들었다. 중국은 1980년에 하나도 없었는데 2003년에는 305개로 나타났다. 또 세계시장 점유율 1위는 한국은 1980년에 12개였으나 2003년에는 9개로 줄어들었다. 이에 반해 중국은 1980년에 하나도 없었으나 2003년에는 116개로 나타났다(삼성경제연구소, 통계로 본 한·중·일, 2005).

동서고금을 막론하고 새로운 기술의 초보적 창조는 중소 제조업체에서 이루진다. 그 다음에는 대기업체로 옮아가서 완벽한 기술로 신제품이 되어 시장에서 경쟁을 하게 된다. 우리는 하루 빨리 각 분야별로 젊은 과학자들이 그들의 능력을 발휘하고, 세계적인 제품을 창안할 수 있을 정도로 충분한 수의 중소 제조업체를 공공 예산으로 육성시켜야 한다. 이러한 일은 반드시 국민운동으로 발전시킬 필요가 있다.

한국은 국제기능올림픽대회에서의 계속적인 종합우승을 통해 우수한 기능인력을 계속해서 양성해 오고 있다. 그러나 이렇게도 훌륭한 기능인력을 충분히 활용하지 못하고 있다. 국제기능올림픽에서 금메달을 받고도 취업에 어려움을 겪고 있다는 안타까운 소식을 접하게 될 때 허탈감을 갖지 않을 수 없다. 정부와 기업체는 국제기능올림픽의 입상자들을 위한 특별 프로그램을 만들어 창의력 중심 학습과정을 거쳐 기능과 IT를 결합하여 첨단제품을 만들어내는 엑설런스 그룹을 육성해야 한다. 바로 이런 일이 중국은 물론 세계를 정복하는 일이 된다.

● 전통 문화생활 속의 21세기 과학윤리

우리의 전통 의식주 생활 문화에 21세기 과학윤리가 있다. 앞서 논의한 바와 같이 우리의 전통 의식주 생활 문화는 인간과 과학과 자연을 한동아리로 포용하고 있다. 바로 우리의 의식주 생활 문화 속에는 인간의 아름답고 편안한 정서, 생명존중 정신과 정신적 · 육체적 건강 에너지를 내용으로 하는 인간학적 요소가 가득 차 있다. 그리고 전통옷, 전통음식과 전통가옥은 모두가 과학적 원리에 의해 창조된 결과물들이다. 또한 옷, 음식과 가옥은 친환경적인 요소와 친환경적 에너지가 그대로 담겨져 있다.

지금도 우리는 전통한복을 만들어 입고 전통음식을 만들어 나누어 먹는다. 또 전통가옥을 건축하여 조상의 훌륭한 얼을 생각하면서 살아가는 사람들도 있다. 여기서 우리가 주의 깊게 살펴보아야 할 점이 있다. 지금도 철저하게 인간학적 요소와 과학의 원리와 친환경성을 수용하여 옛 것을 본받아 그대로 적용하고 있다는 점이다. 그리고 질(質)과 멋을 품격 있게 담고 있다는 것이다. 우리는 지금까지 21세기 과학세계에서 꼭 지켜야 할 도덕성과 윤리성이 전통 의식주 생활

문화 속에 담겨져 있었다는 것을 까맣게 잊고 살아왔다.

지금 우리 사회는 줄기세포 사건으로 인해 과학의 윤리성이 국내외적으로 뜨거운 쟁점으로 부각되고 있다. 따라서 연구활동에서 반드시 지켜야 할 윤리수칙의 설정에 고심하고 있다. 그렇다면 연구활동에서 꼭 지켜야 할 윤리수칙은 외국의 것을 모방할 것이 아니라 우리의 전통적인 의식주 생활 문화에서 찾아야 한다. 그러면 일류 과학기술 국가를 건설하기에 충분한 윤리수칙을 만들어낼 수 있을 것이다.

(6) 실상과 전환

우리는 지금부터 우리 과학기술 개발의 현주소를 알아보고 과학기술 선진국으로 가기 위한 전환점을 마련해야 한다. 우리는 전환점을 중심으로 그 방향을 설정해야 한다.

● 우리는 기초과학 연구를 강화해야 한다

과학기술부와 한국과학기술기획평가원의 과학기술 연구활동 조사보고서(2001)에 의하면 기초연구(12.6%)가 부족한 편이다. 특히 공공 연구기관에서 수행하는 연구 중에서 기초 연구비율이 낮다는 점은 과학기술 개발의 기반이 취약해져 가고 있다는 증거이다. 대학, 공공 연구기관과 기업체를 비교해 보면 대학은 기초연구 42.4%, 응용연구 30.4%, 개발연구 27.2%, 이에 비해 공공 연구기관은 기초연구 22.4%, 응용연구 33.1%, 개발연구 44.5%, 기업체는 기초연구

6.1%, 응용연구 21.7%, 개발연구 74.0%로 나타나고 있다.

공공 연구기관은 모든 분야의 기초연구를 충실하게 수행하여 대학의 부족한 기초연구 분야를 보완해 주어야 하고, 특히 기업체가 공공 연구기관의 기초연구를 기초로 하여 무한한 응용 · 개발 프로젝트를 수행하도록 도와주어야 한다. 바로 이러한 점에서 공공 연구기관의 기초연구는 한 나라의 과학기술 발전을 위한 지렛대와 같은 역할을 하게 된다.

우리는 지금 공공 연구기관이 기초연구에 집중할 수 있는 배려와 강력한 제도적 장치를 마련해야 한다. 공공기관에 대한 성과급제를 실시하면서 일반적인 성과평가 잣대를 기초연구에도 적용했기 때문이다. 기초연구의 성과는 현재보다는 미래에 단순한 수치로 평가할 수 없을 정도의 매우 높은 가치를 나타내게 된다. 앞으로 연구업적 성과 평가에서 기초연구에 몇 배의 가산점을 주는 등 획기적인 조치가 필요하다.

OECD 회원국 중 GDP 대비 투자비율에서 지식투자의 구성요소(1998)를 보면, 한국은 회원국 중에서 소프트웨어(S/W) 개발에 가장 적은 투자를 하고, 공 · 사교육비에 가장 많이 투자를 한 것으로 나타났다. 한국의 GDP 대비 투자비율은 회원국 중에서 3위이지만 분명히 지식투자 구성요소는 잘못되어 있다. GDP 대비 5.2%의 투자에서 R&D 2.6, S/W 0.4%, 공 · 사교육비 2.2%로 구성되어 있어 한국이 IT 선진국임을 무색하게 하고 있으며, 공 · 사교육비 투자는 너무 높은 편이다. 이에 반해 스웨덴 1위(6.5% : R&D 3.8%, S/W 1.9%, 공 · 사교육비 0.8%), 미국은 2위(6.0% : R&D 2.6%, S/W 1.5%, 공 · 사교육비 1.9%), 일본은 7위(4.7% : R&D 3.0%, S/W 1.1%, 공 · 사교육비 6%)로 나타나 있다.

우리나라가 IT강국이면서 외국에 비해 소프트웨어 개발에 투자를 적게 하는 것은 극히 우려되는 일이다. 그러나 지식투자에서 OECD 회원국 중 공·사교육비에 투자를 가장 많이 하는 나라로 나타났다. 이러한 공·사교육의 질을 반드시 평가해 보고 공·사교육의 질적 수준을 향상시켜서 지식투자 영역의 효율성을 높여야 한다.

21세기를 주도할 3대 첨단기술은 정보공학기술(IT, Info-Technology), 생명공학기술(BT, Bio-Technology), 극소형 공학기술(NT, Nano-Techology)이다. 2005년의 과학기술기획평가원의 발표에 의하면, 미국을 기준으로 해 비교해 보면 한국의 정보공학기술은 71.6% 수준이며, 3, 4년간의 격차를 두고 있다고 한다(중국은 43.8% 수준). 또 생명공학기술은 60.4% 수준에 있으며, 5.0년간의 격차를 두고 있다고 한다(중국은 47.6% 수준).

이러한 통계는 전반적인 평균치를 비교한 것이다. 이미 부분적으로 정보공학기술에서 한국이 미국보다 앞서거나 비슷한 수준에 있는 분야도 있다. 특히 IT 인프라 구축이 잘 되어 있기 때문에 예측된 기간보다 미국과의 격차를 줄이는 기간이 앞당겨질 것으로 예측된다.

우리는 과학기술 연구활동 체제에 대한 새로운 전환을 시도해야 한다. 지금과 같은 연구활동 체제로는 도저히 한국을 과학기술 선진국으로 탄생시킬 수 없다. 줄기세포 충격에서 전환의 필요성을 알게 되었다.

● 신뢰와 존경의 도제식 중심의 팀제가 정착되어야 한다

신뢰와 존경이 과학기술 연구활동의 조직문화로 정착하기 위해서는 팀활동에서 윤리성과 투명성이 보장되어야 한다. 그리고 철저한 21세기형 도제식 교육이 확립되어야 한다.

● 효율적인 과학기술 연구활동 팀 관리 시스템이 구축되어야 한다

팀 구성원의 역할분담이 이루어지고, 연구진은 연구활동에만 전념할 수 있는 체제가 마련되어야 한다. 이를 위해 상근 또는 비상근 홍보 전문가, 재무회계 전문가, 법률 전문가 등이 적극적으로 팀 연구활동을 지원해 줄 수 있는 지원체제가 구축되어야 한다.

● 철저한 네트워킹과 추세분석이 선행되어야 한다

철저한 국내외적인 네트워킹을 구축하여 새로운 정보 획득과 연구활동의 추세변화에 대한 구체적인 내용을 계속적으로 파악할 수 있어야 한다. 또한 줄기세포 사건을 계기로 과학기술 연구활동 체제를 완벽하게 정비해 나가야 한다.

● 철저한 윤리 시스템을 구축해야 한다

고등교육기관과 연구소의 과학기술 분야는 물론 사회과학 분야에 이르기까지 윤리평가위원회를 설치하여 연구활동의 투명성과 윤

리성을 보장해야 한다. 또한 2020년까지 과학기술 선진국이 되기 위해서는 늦어도 2010년 이전에 완벽한 과학 연구활동의 팀 관리체제와 윤리성 확보체제를 가동시켜야 한다.

(7) 한국인의 과학기술세계

우리는 선진국과 다른 특유의 과학기술 메가트렌드를 만들어 가고 있다. 우리는 우리의 전통 의식주 생활의 과학성을 토대로 기능강국을 성취하였다.

● 3T 융합기술 개발

이어서 IT기술을 개발하여 기능과 IT를 결합하는 개가를 올렸다. 그 다음 단계로 IT기술은 우수한 과학적 의사소통 체제를 마련하여 BT와 NT의 발전을 촉진시키게 되어 2020년에는 3T 융합기술 체제를 성취하면서 선진과학 기술국으로 자리잡을 것으로 예측된다.

● 인공지능 신소재 인프라 구축

특히 선진국들보다 더 빨리 인공지능 신소재 인프라를 구축할 것으로 예측되고 있다. 현재의 유비쿼터스 등의 발달속도로 볼 때, 2010년부터 인공지능 신소재 인프라가 구축되기 시작하여 과학기술 선진국 달성에 탄력성을 제공하게 될 것으로 전망된다. 이로 인해 컴퓨터를 통해 인공지능 인프라와 함께 아주 탁월한 과학적 의사소통

체제와 기능이 확보될 것으로 본다.

● 숙성문화와 선진 과학기술 국가 건설

이와 같이 펼쳐지는 과학기술 메가트렌드를 발전시키기 위해서는 늦어도 2010년 이전에 완벽한 과학기술 연구활동의 팀 관리체제와 윤리성 확보체제를 가동시켜야 한다. 반드시 과학기술 개발 윤리수칙을 우리의 의식주 생활의 과학성에 찾아야 한다. 특히 의식주 문화 속의 숙성(熟成)의 원리를 제1의 윤리수칙으로 채택하여 초일류 과학기술을 창조해야 한다.

● 2020년을 위한 준비

이와 같은 과학기술 메가트렌드는 2020년까지 9번(한 주기를 18개월로 볼 때)의 과학기술 교체를 가져올 것이다. 이에 따라 제2정보 폭발에 대비해야 하며, 끊임없이 노후기술 인프라를 교체해야 하고, 이를 위한 재원을 확보해야 한다. 또 신공학기술의 끊임없는 교체와 질 높은 노동력의 확보를 위한 과학기술 교육 재교육 체제를 혁신시켜 나가야 한다.

이로 인해 2020년의 직업인에게는 고차원의 지식근로를 요구하게 되어 과학기술의 소양 외에 폭넓은 인문·사회과학적 소양을 요구하게 된다. 창의력은 모든 직업인에게 요구되는 필수적인 조건이 된다. 특히 CEO에게는 높은 윤리성과 공익(公益) 준수 리더십을 요구하게 된다.

2020년에도 현재와 같이 첨단과학기술에 의한 사회발전은 정치발전과 엄청난 격차를 벌릴 것으로 예측되어 이미 2020년의 정치적 불안을 예고해 주고 있다. 2020년의 정치 불안을 해소하기 위해서는 지금부터 훌륭한 젊은 정치인들을 많이 양성해야 한다. 그리고 맹목적인 주입식 교육보다는 청소년들의 호기심을 촉발시킬 수 있는 체험학습의 장을 끊임없이 만들어 가야 한다.

● 국민의 천문학에 대한 호기심을 살리자

한국인의 호기심을 살리면 최첨단과학이 탄생된다. 우리의 "빨리 빨리" 문화는 마치 한국 사람들이 일을 대충 대충하거나 서두르는 좋지 않은 성격으로 비춰져서 외국인들로부터 비판의 대상이 되고 있다. 하지만 장점도 있다. 한국 사람들은 능력이 있어 일을 빨리 해내고, 또 호기심이 많기 때문에 빠르게 이곳 저곳을 두루 살핀다.

이와 같은 한국인의 호기심은 과거의 옛 조상으로부터 이어져 내려온 것이다. 우리 민족은 전통적으로 우주와 천문학에 관심이 많았다. 그렇기 때문에 한 사람의 우주인을 모집하는 데 2006년 4월 21일 첫 날에 2,330명이 신청하였다. 이황과 이이의 이기이원론(理氣二元論)과 이기일원론(理氣一元論)은 시간과 공간을 초월한 우주론을 의미한다. 우리는 2020년에 선진 우주산업 국가에 진입해야 한다. 앞으로 우주산업을 발전시키려면 각 지역에 청소년 교육용 우주관측소와 천문대를 많이 만들어야 한다.

한 국가의 과학기술 경쟁력은 국민의 발명적 창의성으로부터 나온다. 바로 우주에 대한 호기심이 국민의 창의력을 촉발시키게 된다.

이러한 국민의 창의력은 고차원의 지적 탐구에 끊임없이 도전하게 된다. 고차원의 지적 탐구활동은 주입식 교육이나 타의에 의해 이루어지는 것이 아니라, 자신의 지적 호기심에 의해 스스로 촉발되어야 한다.

● 21세기 공습 패러다임을 만들자

바로 청소년들의 우주에 대한 호기심을 촉발시켜 많은 청소년들이 천문학, 고차원의 기하학, 미 · 적분을 포함하는 고급 수학에 깊은 관심을 가지게 되면 첨단 지식강국의 지름길을 마련하게 된다. 청소년들의 호기심을 바탕으로 우주과학을 발전시켜 2020년에 우주산업 국가군의 일원이 되어야 한다.

우주과학의 필요성은 21세기의 전쟁유형은 공군과 해군에 의한 공습(空襲) 패러다임에서 온다. 우리도 공군과 해군 중심의 최첨단 공습 국방력을 갖추는 데 만반의 준비태세를 갖추어야 한다. 그렇기 때문에 전국 각 지역에 청소년 교육을 위한 천문관측소를 설치하고, 천문학에 대한 국민의 관심을 불러일으키는 일도 국방의 차원에서 다루어져야 한다.

5. 인재 메가트렌드

우리나라는 부존자원(賦存資源) 대신에 많은 인재를 부여(賦與)

받았다. 1만여 년의 역사 속에서 항상 위기가 있을 때마다 훌륭한 인재들이 국난(國難)을 해결해 왔다. 일본에게 빼앗겼던 나라를 다른 식민지국가들보다 빨리 찾은 것도 국내외에서 독립투쟁을 치른 순국선열의 희생적인 활약 때문이었다.

산업화와 수출입국의 초석을 다진 인재들은 1970년대와 1980년대 초까지 청계천 상가를 비롯한 열악(劣惡)한 좁은 공간에서 인고(忍苦)의 세월을 보내면서 발명품을 만들어냈던 창조적 세대이다. 이들 세대가 없었더라면 대기업들은 오늘날처럼 세계를 누빌 수 없었을 것이다. 이러한 창조적 인재들의 후예들이 국내외 곳곳에서 성장하고 있다. 세계 여러 곳에서 활동하는 우리 인재들의 활동 모습은 우리로 하여금 자부심을 갖게 만들고 있다.

실로 안타까운 일은 많은 인재들이 국내의 제도권 교육을 거부하고 계속해서 외국으로 나가고 있다는 것이다. 그래도 경직된 교육체제의 그늘 속에서도 우리의 많은 인재들이 미래를 향해 성장하고 있다.

(1) 15년의 차이

1990년대 초부터 우리나라에서도 국내외에서 20대에 박사학위를 취득하는 사람이 많아지기 시작하였다. 필자는 1991년에 20대에 박사학위를 취득(27－29세에 박사학위 취득)한 사람들과 뜻 있는 대화를 나누었다. 그 당시에 나는 그들의 당당하고, 너무나도 순수하고, 또 예의바른 행동을 보고 벅찬 가슴을 안고 어찌할 줄을 몰랐다.

● 20대 박사 배출

이들 중 대부분이 미국에서 박사학위를 취득하였고, 나머지 세 사람은 국내에서 박사학위를 취득한 사람이었다. 미국에서 박사학위를 취득한 사람 모두가 유명 외국 학술지에 논문을 3편 이상 발표한 실적을 가지고 있었다. 나는 이들을 만나보고 이들 인재들이 능력을 발휘할 수 있는 환경을 만들어 준다면 충분히 과학기술의 선진화를 이룩할 수 있을 것으로 생각하였다.

● 10대 저자 발견

15년이 지난 2006년 1월 초에 필자는 이미 외국대학으로부터 입학허가를 받은 고등학교 3학년에 재학중인 두 학생을 만났다. 한 학생은 미국의 커뮤니케이션 스쿨을 선택하여 입학허가를 받았고, 다른 한 학생은 원하는 미국 내의 대학교를 고르는 중이라고 하였다.

이 두 학생이 고등학교 3학년에서 바로 미국 대학교의 입학허가를 받았다는 것에 놀란 것이 아니라, 학원수강이나 과외지도를 받으면서 "계속되는 반복학습"을 하지 않았다는 점이다. 놀라운 일은 저녁식사가 끝나갈 무렵에 "부족한 점이 많으니 용서해 주십시오" 하는 말과 함께 그들이 집필한 저서를 내놓았다. 한권은 『지구인에게 보내는 마지막 편지』였으며, 또 다른 한권의 책은 『부자유친 로드맵』이었다.

그 자리에 내가 지은 『투 더불류(WW) 중심권 신세계질서』라는 책을 가지고 나가지 않았더라면 정말 난처할 뻔했을 것이라는 생각이 들었다. 1991년에 20대의 박사학위 취득자와는 달리 2006년에 만난 오늘의 10대 두 고등학생들은 그들의 창작물을 가지고 나왔다는 점에서 엄청난 차이를 나타내고 있었다.

● 여백과 공간

나는 15년 전과는 달리 숨이 막힐 정도의 벅찬 호흡을 가눌 수가 없었다. 이들은 창의력을 발휘했기 때문이다. 만약에 이들이 특수목적고등학교에 다니지 않고 일반 고등학교에 다니면서 "반복학습"을 하면서 "정답 맞추기 훈련"을 하고 반복적인 학원수업과 과외수업에 시달렸다면 이와 같은 창작물을 내놓을 수 없었을 것이다.

오늘의 우리 교육은 학생들이 창의력을 발휘할 시간마저 빼앗아 버리고 있다. 그들이 마음대로 상상의 세계를 그려볼 수 있는 시간적 여유와 여백의 공간마저 박탈하고 있다. 공범자는 학교와 가정, 그리고 학부모와 교사이다. 하루 속히 학부모와 교사의 생각을 바꾸어서 우리 교육을 혁신시켜야 한다. 인재를 기르기 위해 학교와 가정을 변화시켜야 하고, 학부모와 교사의 생각을 송두리째 바꾸어야 한다.

지구를 관찰한 외계인이 그들의 세계에 돌아가서 대장에게 "지구에는 네 바퀴가 달린 자동차가 살고 있었으며, 자동차들은 다리가 둘 달린 인간 노예를 한명 이상 데리고 다녔다. 인간들이 자동차를 먹여 살리려고 일하는 동안에 자동차들은 함께 어울려서 놀고 있었다"는 지구 관찰 보고를 했다는 30여 년 전 캐나다의 한 만화영화의 이야기는 우리에게 많은 시사점을 제시해 주고 있다. 엉뚱한 곳에서 교육개혁의 걸림돌을 찾으려고 하지 말고 솔직하게 학부모와 교사가 아주 핵심적인 교육개혁의 장애물이라는 것을 인정해야 교육개혁이 제대로 이루어질 수 있다는 점을 깊이 깨달아야 한다.

우리의 자녀들에게는 그들 나름대로 상상의 날개를 펼칠 수 있는 시간적인 여유와 여백의 공간이 절대적으로 필요하다.

(2) 평준화의 반작용

지금도 고등학교 평준화 정책에 대해 많은 논쟁이 일고 있다. 그러나 일반 서민을 위한 교육정책이란 이유 하나만으로 고등학교 평준화 정책이 전혀 변화될 가능성이 보이지 않는다. 이와 같은 경직된 고등학교 평준화에 대한 반작용으로 세계적인 새로운 교육모형과 학교모형이 창출될 것이다.

고등학교 평준화 정책은 학교 간의 격차 해소, 중학교 교육의 정상화, 고교 입시준비 과열, 과외방지 등을 목적으로 1974년 서울과 부산에서 처음을 실시되어 지금까지(32년간) 실시되어 오고 있다.

● 수월성이 모든 사람을 엘리트로 만든다

아직까지도 우리 사회의 교육관(敎育觀)은 일류 지상주의에 사로잡혀 있고, 특히 교육의 보편성(普遍性)만이 민주적 교육인 것으로 잘못 인식되어 교육의 수월성(秀越性)을 망각하고 있다. 그리고 교육의 수월성의 정확한 뜻을 이해하지 못하고 있다.

수월성※ 교육은 인간의 차이, 즉 개성을 인정하는 교육이며, 개성을 발전시키는 데 중점을 두는 교육이다. 수월성 교육이야말로 질적인 민주교육이다. 우리 사회는 수월성 교육을 전통적인 엘리트 교육으로 잘못 인식하고 있다. 모든 사람은 자신의 개성을 발전시키면 엘리트가 될 수 있기 때문에 수월성 교육이야말로 모든 사람을 위한 엘리트 교육이다.

※ 아직까지도 수월성이 엘리트 교육이나 일류를 나타내는 말로 인식되어 있어 우리 교육의 개혁방향 설정에 많은 차질을 가져오고 있다. 원래 인간은 차이를 가지고 있다. 수월성은 각자의 장점이나 특성을 의미한다. 수월성은 바로 개인 차이를 의미한다. 사람은 각자가 하나밖에 없는 차이를 가지고 있기 때문에 인권이 필요한 것이다.

오늘의 평준화 교육을 하루 빨리 수월성 교육으로 전환시켜 나가야 한다. 우리 사회에도 이러한 변화가 일고 있다. 이미 특수목적 고등학교로 과학고등학교, 외국어고등학교, 체육고등학교가 정착되었다. 서울시 교육청에서는 강북에 자립형 고등학교를 세우기로 했다고 한다. 이에 따라 앞으로는 지역별로 다양한 자립형 고등학교가 계속해서 설립될 것으로 전망된다.

자립형 고등학교 설립을 반대할 것이 아니라 서민의 자녀를 위한 장학금제도를 마련하도록 하자. 왜 그렇게 편 가르기 사고만을 하는가? 편 합치기 사고를 하자. 자립형 고등학교가 다양한 계층을 수용할 수 있는 체제를 마련한다면 기존의 부정적인 사고를 불식시켜 줄 것이다. 이러한 변화가 하나의 분기점이 되어 많은 고등학교들이 수월성 중심의 고등학교로 개편될 것으로 본다. 이러한 혁신을 일으키지 않으면 외국과의 인재양성 경쟁에서 패배하게 된다.

● 평준화의 반작용이 교육을 혁신시킨다

오히려 평준화에 대한 반작용은 세계에서 가장 우수한 교육체제를 창출해낼는지 모른다. 지금 당장 평준화 정책을 폐지하면 수습하기 어려운 문제가 발생하게 된다. 결국 평준화에 대한 반작용이 새로운 교육모형을 창출하여 평준화를 무색하게 만들어 버리게 될 것이다. 이러한 변화는 2010년 이후부터 학부모는 학교로부터 교육권의 일부를 돌려받게 만들 것이다. 또 학생들은 학교로부터 선택권과 자율성을 보장받게 될 것이다. 또 자립형 고등학교는 기존 교육체제의 혁신을 촉진시키게 될 것이다.

(3) 세계적 기록 성취

우리나라는 교육의 양적 성장에서 세계적인 기록을 세운 나라이다. 이러한 기록은 우리 민족의 높은 교육열이 기반이 되어 왔다. 문맹률과 진학률에서 세계 어느 나라도 결코 따라올 수 없는 획기적인 기록을 세웠다.

● 문맹자를 줄이는 데 세계적인 기록을 세운 나라

해방 이후 우리나라의 문맹률은 거의 80%에 이르렀다. 그러나 지금은 0%에 가깝다. 유네스코에서 한국은 문맹률이 가장 낮은 나라로 평가받고 있다. 한국은 문맹률을 0%에 가까이 줄이는 데도 세계적인 신기록을 세운 나라이다.

중국의 문맹률은 1945년에 82%(문자해득률 18%)였으나 마오쩌둥 집권 말기에는 문맹률이 18%(문자해득률 82%)란 획기적인 기록을 세웠다. 이는 중국 역사에 남을 마오쩌둥의 훌륭한 업적으로 평가되고 있다. 마오쩌둥은 두 가지 통일을 하여 중국 역사에 길이 빛나고 있다. 그 하나는 영토통일이고, 다른 하나는 언어통일이다. 이러한 기반이 21세기 중국의 발전을 기약해 주고 있다.

현재 중국의 성인 문맹률은 14.2%이며, 비문맹률이 85.8%(ITU, 2003)로 나타나고 있다. 중국은 지금 펼쳐지고 있는 정보사회와 지식사회의 발전을 위한 충분한 동력을 확보하고 있다. 이에 반해 인도의 문맹률은 42%에 이르고 있어 인도가 중국과의 격차를 줄이기 위해서는 문맹률을 줄이는 데 많은 노력을 하지 않으면 안 되게 되었다.

미국의 경우도 성인 문맹자가 많아 클린턴 행정부가 많은 관심을 기울인 적이 있다. 미국 국민의 79%만이 자유롭게 글을 쓰고 읽을 수 있는 것으로 나타났다. 성인 문맹률에서 미국과 중국은 미미한 격차를 나타내고 있다.

● 모든 사람을 위한 교육체제를 갖춘 나라

또 우리나라는 진학률에서 세계적인 기록을 세우고 있다. 우리나라는 현재 중학교 진학률 99.9%(2005), 고등학교 진학률 99.7%(2005), 대학진학률 82.1%(2005)라는 세계 제일의 양적(量的) 성장 기록을 세웠다(교육인적자원부, 2005).

지구촌 사회에 살고 있는 모든 사람들은 모두 대학에 가고 싶어 한다. 미국도 모든 시민을 위한 고등교육 기회를 제공하는 것을 중요한 국가정책으로 내세우고 있다. 21세기 지식사회를 맞이하기 위해 선진국들은 지금까지 대학진학률을 높이려고 많은 노력을 해왔다. 그러나 선진국들은 성과를 거두지 못했지만 한국은 해냈다.

21세기 지식사회에서는 사회 구성원의 학력이 국가발전에 중요한 역할을 하게 된다. 대부분의 일들이 지식근로로 전환되기 때문이다. 높은 대학진학률은 국가발전을 기약하는 원동력이다. 우리는 세계에서 문맹률이 가장 낮은 나라, 세계에서 가장 대학진학률이 높은 나라라는 기록을 세웠다.

우리는 종종 외국 언론에서 한국의 "빨리 빨리" 문화를 한국인의 성격 탓으로 돌리며 부정적인 시각에서 비판하고 있는 것을 볼 수 있다. 물론 '빨리 빨리'가 나쁜 점이 있다는 점도 부인할 수 없다. 그러나 여기서 나타나는 바와 같이 0% 문맹률과 높은 진학률은 모든 업무들이 막힘 없이 돌아갈 수 있게 만든다.

이와는 달리 미국을 비롯한 선진국의 높은 성인 문맹률은 어떤 시점에서 업무가 지체될 수밖에 없게 만들어 버린다.[38] 우리는 당연히 속도 면에서 다른 나라의 국민들보다는 앞설 수 있는 지적 능력을 가지고 있다. 0% 문맹률과 높은 진학률에 IT 능력을 합치면 발전이 가속화될 수밖에 없다. 이러한 장점에다 앞으로 학습의 질을 확보하면 우리는 명실공히 세계에서 가장 능력 있는 국민이 될 수 있다.

㊳ 외국여행을 해보면 미국 등을 비롯한 선진국에서도 몇 명 안 되는 팀의 숙박료 계산을 할 때나 공항의 카운터에서 필요 이상의 시간을 소비하는 경험을 자주 하게 된다. 우리는 이럴 때에 의아한 생각을 하게 된다. 우리나라에서 호텔 숙박료 계산이나 공항의 업무처리는 대단히 신속하게 이루어진다. 이는 바로 지적 능력의 차이에서 온다.

(4) 일본 추월

우리는 일본이 기업가들의 사숙(私塾)을 통해 인재육성을 잘 하고 있는 것으로 알고 있다. 또 우리는 이러한 일본 사회의 관습을 부러워하고 있다. 그러나 한 나라를 이끌고 나갈 모든 인재를 제도적으로, 그리고 의도적인 사적(私的) 양성체제에만 의존하는 일은 거의 불가능하고 또 위험한 일이다. 자유로운 환경에서 자율적으로 자기 발전을 성취하는 사람이 많을 때 그 사회는 풍요로운 사회로 발전하게 된다. 이러한 한국인의 기질 때문에 일본을 추월하면서 국내외의 여러 곳에서 많은 인재들이 육성되도록 만들고 있다.

● 한국 국민과 일본 국민의 학력격차

우선 대학진학률에서 앞으로 일본(2000년 49.1%)이 한국(2005 82.1%)을 추월한다는 것은 거의 불가능하다. 물론 한국은 일본과 비교해 대학재정과 대학교원 1인당 학생 수 등에서 다소 뒤져 있다. 그러나 이런 요인은 결코 학력(學力)을 결정하는 핵심적인 요인이 될 수 없다.

일본은 또한 해외 각국의 유학생 수에서 한국에 뒤져 있다. 미국 유학 한국 학생 수도 일본에 앞서 있다. 중국, 캐나다, 호주 등의 국가에서도 한국 유학생 수가 일본 유학생 수보다 많다. 또 미국 대학에 재직하고 있는 학자 수에서도 한국 사람이 일본 사람보다 훨씬 더 많다.

2003년 기준으로 하여 연령별 대학교육 이수자 수에서 한국이 일본에 근소하게 앞서 있다. 26-64세 연령계층에서 한국은 22% (25-34세 : 30%, 35-44세 : 26%, 45-54세 : 14%, 55-64세 : 9%) 인 데 반하여 일본은 21% (25-34세 : 26%, 35-44세 : 25%, 45-54세 : 20%, 55-64세 : 9%) 로 나타나 있다(교육인적자원부, 2006). 앞으로 갈수록 양국의 25-44세 연령계층의 학력격차는 더욱 더 벌어져서 양국 국민 전체의 학력격차도 점점 벌어질 것이다. 앞으로 10년 후면 한국과 일본 국민의 학력격차는 크게 벌어질 것으로 예측된다. 또 한국인은 세계에서 가장 학력이 높은 국민이 된다.

(5) 인재양성 맥락

우리나라의 인재양성 맥락은 다양하다. 공교육의 경직성은 오히려 역설적으로 앞으로 더욱 더 인재양성 맥락을 다양하게 만들면서 오늘의 평준화의 허점을 보완하면서 새로운 교육모형을 탄생시킬 것이다. 즉 공교육의 창조적 파괴현상이 나타날 것이다. 우리나라의 인재양성 맥락은 지금 다음과 같은 특징을 나타내고 있다.

● 최근에 새롭게 나타난 학력과 학벌을 초월한 인재그룹이다

새롭게 부각되는 인재계층은 전통적인 인재양성 과정을 초월하여 국내외의 현장경험을 통하여 각 분야의 전문가가 되어 활동하는 최근에 정착된 새로운 21세기형 인재그룹이다.

● 창업 중심의 인재그룹을 들 수 있다

대학을 졸업하고 대기업체에서 단기간의 근무경험을 가진 후에 창업을 하여 새로운 인재그룹을 형성하는 인재가 점점 증가하고 있다. 최근에는 이와 같은 인재그룹이 많은 사람들의 선망의 대상이 되고 있다. 하지만 이러한 인재그룹도 앞으로는 능력 있는 기성 세대와 함께 일하면서 지혜를 얻지 못하면 어려운 상황에 처하게 된다.

● 연구 중심 인재그룹이 증가하고 있다

국내에서 대학 졸업을 한 후에 주로 외국유학을 하여 석 · 박사 학위를 취득한 후에 국내외의 기업체, 연구기관과 대학으로 진출하는 인재그룹을 들 수 있다. 외국 석 · 박사학위자들은 거의 전 분야에 걸쳐 국내의 수요를 넘어 과잉공급되고 있는 실정이다.

● 신글로벌 인재그룹이 나타나고 있다

새로운 글로벌 인재그룹은 국내 사학(私學)의 특수목적고등학교나 특화고등학교, 또는 인문계 고등학교를 졸업한 후에 국내 대학의 학사과정에 진학하지 않고 바로 외국 명문대학 학사과정에 입학하면서 글로벌 인재로 성장하는 새로운 인재양성 맥락을 만들어 가고 있다. 그리고 어릴 때부터 외국유학을 선택하는 조기 인재양성 맥락도 있다.

국내에서는 조기 유학을 놓고 한때 많은 논쟁이 일어났다. 조기 유학은 모국어(母國語)의 중요성에 대한 인식부족으로 인하여 정체성(正體性)이 약화될 수 있다는 점을 들어 비판의 대상이 되기도 하였다. 특히 우리나라의 조기 유학 붐은 불안한 공교육, 사교육비 지출의 계속적 증가, 비효율적인 영어교육으로부터 왔다고 보고 있다. 교육도 삶의 일부이며, 특히 교육은 "가장 중요한 삶의 조건"이라는 대명제를 이해한다면 조기 유학에 대한 지나친 논쟁에서 벗어 날 수 있을 것이다.

그러나 조기 유학도 새로운 인재양성의 맥락으로 정착되고 있다. 앞으로 조기 유학에서 성공한 사람들이 새로운 인재그룹으로 부각될 것이다. 또 교육분야의 개방과 지방자치단체의 원어민 영어마을 정착, 공교육의 질 향상 등으로 조기 유학 붐을 다소 진정시킬 수는 있으나 조기 유학 붐은 지속될 것이다. 우리나라의 조기 유학생 수는 1999년에 1,839명, 2001년 7,944명, 2003년 1만 498명으로 계속적으로 증가하고 있으며, 고등학교 학생에서 초등학교 학생으로 확대되면서 오히려 초등학생 수가 더 증가하고 있는 것으로 나타났다(교육부자료, 2004). 우리나라의 전체 유학생 수는 1999년 10만 9,077명에서 2004년 18만 7,000명, 2005년 3만 5,144명으로 나타났다(교육인적자원부, 2006).

지금까지 설명한 바와 같이 한국의 인재양성은 제도권의 공공투자에 의한 인재양성보다는 각 가정의 자발적 · 개별적 민간투자에 의한 인재양성이 중요한 역할을 하고 있다. 이러한 연유에서 우리 사회에서는 당연히 교육비 지출이 많을 수밖에 없다. 이렇게 1990년대부터 일기 시작한 초등학교 학생부터 대학생까지 해외로 떠난 우리 유학생들이 본격적으로 귀국하기 시작하면서 2010년부터 매우 두터운 신인재계층을 형성할 것이다. 이들 신인재계층은 국내에서 양성된 인재와 함께 글로벌 인재로 자리잡아 국가발전을 가속화시킬 것으로 전망된다.

(6) 선진국을 앞선 양적 동력

우리나라 대학의 양적 폭발은 1990–2003년 기간에 이루어졌다. 대학의 수는 문민정부와 국민의 정부에 의해 급격하게 증가하였다. 1990–2000년 기간에 4년제 대학교는 107개교에서 161개교로 44개교가 증가하였으며, 전문대학은 117교에서 158개교로 41개교가 증가하였다.

● 세계 최고의 대학진학률

모든 사람들이 대학에 갈 수 있는 꿈이 이루어진 것이다. 대학진학률은 1970년 26.9%, 1990년 33.2%, 2005년 82.1%(교육인적자원부, 2006)로 1970년에 비해 2005년에 55.2%가 증가하였으며, 1990년에 비해 48.9%가 증가하였다.[38]

[38] 미국의 대학진학률은 1970년 51.8%, 1990년 59.0%, 2000년 63.3%, 일본의 대학진학률은 1970년 23.6%, 1990년 36.3%, 2000년 49.1%로 나타나 있다.

이제 한국사회는 사회 모든 곳을 고학력 계층으로 가득 채워놓았다. 어떤 가정은 가족 구성원 모두가 대학졸업자로 채워졌고, 모든 직장 구성원이 대학졸업자로 구성되는 직장도 많다.

그러나 이렇게 짧은 기간 동안에 이루어진 대학의 양적 폭발은 대학교육의 질이 향상될 수 있는 충분한 기간을 갖지 못하게 만들었다. 결국 대학교육의 질적 저하는 능력의 질과 삶의 질에까지 영향을 미치게 되었다. 대학진학률과 해외 유학생 수에서 일본에 앞서 있지만 대학교육의 질적 향상을 가져오지 못하면 결코 일본을 추월할 수 없게 된다.

● 고등교육 경쟁력

우리나라 고등교육의 경쟁력은 상대적으로 낮게 나타났다. 교육인적자원부 자료(2004)에 의하면, 우리나라의 대학교원 1인당 학생 수는 1975년 20.7명, 1995년 35.8명, 2001년 31.9명으로 나타났다. 미국은 13.7명(2003), 일본은 11.3명(2003)으로 나타나 있고, OECD 평균은 16.5명(2001)이었다. 우리는 대학교원의 수를 대폭 늘려야 하고, 특히 시간강사에 대한 대우를 개선해야 한다. 또 우리나라 고등교육 경쟁력은 1999년 47위, 2003년 28위로 나타났으나 미국은 1위이며, 일본은 3위로 나타났다(IMD). 한국의 대학경쟁력은 OECD 회원국 중에서 하위수준으로 나타났다.

기업과 대학의 지식이전 추이는 한국은 16위, 일본은 13위(2002), 최근 5년간(1996-2001년) 및 2002년 국가별 논문발표 수는 한국 13위, 일본 2위로 나타났다. 인구 1만 명당 SCI 논문 수는 한국이 29위, 일본은 22위로 되어 있다. SCI 논문게재 세계 300위권 내 국내 대학 수는 2002년에 100위권 내에 1개 대학, 200위권 내에 3개 대학, 300위권 내에 7개 대학이 포함되어 있었다.

GDP 대비 교육단계별 공교육비 비중(2000)은 한국은 4.3%로 OECD 평균 4.8%에도 못 미치고 있었다. 연구개발비 투자(2001)에서 한국은 51개국 중 5위였으나 일본은 51개국 중 2위였다. 주요 국가의 총 연구개발비 중에 대학사용 비중은 한국 10.4%(2001), 일본 14.8%(2000), 영국 20.0%(1999)로 나타났다(교육인적자원부 자료, 2006).

우리는 대학교육의 질 향상을 위해서 다각적인 측면에서 많은 노력을 기울여야 한다. 고등교육에 대한 투자도 늘려야 할 뿐만 아니라 효율적인 투자가 이루어져야 한다. 특히 연구비 관리체제를 철저하게 정비해야 한다. 우리는 지금 진실한 마음을 가지고 그 해결책을 논의해야 한다. 그렇지 않으면 해결의 실마리는 미궁에 빠져 버린다.

연구비를 지급하는 과정에서 10%의 리베이트가 있다면 계획된 연구수행은 제대로 이루어질 수 없다. 결국 연구책임자는 부족한 10%의 연구비 때문에 연구 보조원의 연구수당을 지급하지 않고 지급한 것처럼 서류를 조작해야 하고, 구입하지 않은 가짜 영수증을 만들어 장부를 정리해야 한다. 이러한 조작의 타성은 연구결과의 조작으로 이어질 수도 있다. 이런 일에 시달리면 연구가 제대로 수행될 수가 없으며, 이런 일을 한 학자는 양심의 쓰라림을 평생 안고 살아가야 한다. 아직까지도 이런 일이 관행으로 존재하는 곳이 있다면 정부가 제도를 개선하여 그 뿌리를 완전하게 뽑아버려야 한다.

(7) 신인재양성 패러다임

우리나라는 불과 30여 년 동안에 교육의 양적 성장이 그 한계점에 도달하는 역사적인 과업을 성취하였다. 이는 세계에서 제일 빠른 산업화 성취와 IT강국 성취와 비슷한 기록을 나타내고 있다. 특히 고등교육의 양적 성장은 앞으로 선진국을 비롯한 세계 어느 나라도 따라올 수 없을 만큼 급성장하였다.

우리나라의 인재양성 메가트렌드는 지금 양적 성장에서 질적 성장으로 옮아가고 있다. 모든 교육기관은 앞으로 교육의 질을 가지고 경쟁하지 않으면 생존 그 자체마저 불가능하게 되었다. 우리 대학이 질적 추구를 계속하게 되면 2010년, 2015년과 2020년을 분기점으로 하여 다수의 대학이 세계 100위권, 50위권과 20위권 내에 진입할 것으로 예측된다.

우리 대학은 2006-2020년 기간에 다양한 전환점을 향한 방향전환을 해야 한다. 또한 만약 창조적 파괴현상에 적응하지 못하면 대학의 생존 그 자체가 불가능하게 될 것이다.

● 대학의 인재양성 패러다임

2005-2020년 기간에 우리 대학가에 나타날 전환점과 창조적 파괴현상들은 다음과 같은 구체적인 메가트렌드로 나타나게 된다.

예측 1 : 기존 대학의 50%는 폐쇄되거나 유명무실해질 것이다.

지방의 대학들은 이미 심각한 입학자원 부족에 시달리고 있으며, 수도권 대학과 소위 명문대학교에도 부분적으로 나타나는 창조적 파괴현상(학과 폐쇄)은 결코 피할 수 없을 것이다. 이러한 대학의 위기에도 불구하고 사회적 요구와 필요에 따라 소규모 대학교의 수는 증가하게 된다. 앞으로 기업체의 사내(社內) 대학도 사회적으로 인정을 받게 된다. 이러한 새로운 변화는 필연적으로 신설대학들이 기존 대학영역의 일부를 잠식하게 된다. 특히 신설대학들은 수월성 중심의 사회적 명성을 획득하여 기존 대학의 사회적 이미지를 압도해 나가게 된다.

예측 2 : 모든 강좌는 새로운 정보기술공학을 필수적으로 교수–학습 노하우로 활용할 것이다.

지금 한국 대학은 IT선진국임에도 불구하고 새로운 정보공학기술 중심의 교수 학습체제를 개발하지 못하고 있다. 이러한 기능을 철저하게 수행하지 못하는 대학은 많은 교수–학습기능을 대학 외부기관에 빼앗기게 될 것이다. 대학이 새로운 정보기술공학 중심으로 강좌를 개발하기 위해서는 많은 전문가가 필요하다. 대학은 이론과 실기를 겸비한 교수를 확보하는 동시에 행정 관리직을 교수–학습 중심 정보공학기술 전문가로 대체시켜야 한다.

예측 3 : 코스웨어(Courseware) 개발을 전문으로 하는 지식 벤처기업이 성행한다. 이러한 벤처기업들이 대학의 역할과 기능을 대행할 것이다.

대학은 위기에 기민하게 대처하지 못하고 신속성과 기동성이 약하기 때문에 생존을 위해서 결국 코스웨어 개발을 전문 벤처기업체에 의존하지 않을 수 없게 될 것이다. 대학의 역할 일부는 결국 외부 전문기관에 넘어가게 된다. 즉 코스웨어 개발 전문 벤처기업체는 새로운 코스웨어를 개발하여 대학에 판매하거나 임대하는 역할을 하게 되고, 더 나아가서는 대학의 강좌를 위탁하여 운영할 수도 있을 것이다.

예측 4 : 학생 능력개발 체제는 학점 + 자격증 + 체험을 기반으로 한 포트폴리오 중심의 능력축적 체제로 전환될 것이다.

그동안에 남발된 자격증만으로 학생들의 능력을 평가하기는 어렵게 되었다. 이에 따라 주문식 맞춤교육과 체험 중심의 교육이 요구되어 대학은 학생의 신속한 능력개발 체제를 포트폴리오 중심으로 전환시켜 나갈 것이다. 체험 중심의 교육과정을 실시하기 위해서는 강의실 중심 교육에서 탈피해야 한다.

예측 5 : 모든 대학은 학생들의 복합적 능력(Multi-capacity)을 기르기 위한 통합 코아 코스(Multi Core Course)를 운영해야 할 것이다.

21세기의 직업인은 멀티 플레이어(Multi-Player)로서의 역할을 수행해야 한다. 예를 들면 디자인 전공과정의 통합 코아 코스는 디자인 실습과 이론 외에 환경·생태학, 철학, 문화, 역사, 예술, 심리학 등에 관련되는 내용으로 구성되어진다. 이와 같은 통합 코아 코스를 이수한 학생들은 직업활동에서 사회변화에 잘 적응하여 멀티 플레이어로서 훌륭한 작품을 만들어내게 된다.

예측 6 : 모든 학생들은 자신이 재학하고 있는 대학 외의 타대학에서 개설하는 모든 교과목을 자유롭게 선택하는 자유가 보장될 것이다.

21세기 대학사회에서는 학생들은 소속대학을 불문하고 어느 대학에서 개설되는 강좌이든 자유롭게 선택할 수 있는 선택권을 갖게 된다. 이러한 일들은 점점 용이해지고 있다. 교통의 편리함은 자유롭게 오프라인 강좌의 선택도 가능하게 만들었다.

우리 사회는 고속열차의 개통으로 전국이 반나절 생활권으로 전환되어 지방학생도 수도권 대학에서 개설되는 강좌를 수강할 수 있게 만들어 놓았을 뿐만 아니라, 또 수도권 학생들도 지방대학에서 개설한 강좌를 수강할 수 있게 되었다.

특히 사이버 세계는 온라인 시대를 열어놓았다. 앞으로 국내에서도 많은 대학들이 질적 수준이 높은 온라인 강좌를 개설하여 학생들을 유인하는 경쟁체제가 강화될 것이다. 이에 따라 학생들은 자신의 가정에서 국내 어느 대학이든지 마음대로 강좌를 선택할 수 있는 자유를 누릴 것이다. 또한 지금 열리고 있는 글로벌 개방 환경은 학생들로 하여금 세계 어느 대학의 강좌도 선택할 수 있는 새로운 환경을 만들어 갈 것이다.

예측 7 : 21세기 대학사회는 전문 대학 경영인을 요구한다. 철저한 책임경영제가 실시되고, 부분적으로는 많은 영역에 위탁경영제가 도입될 것이다.

지금 한국 대학은 경영위기를 맞고 있다. 이와 같은 경영의 위기는 책임경영 체제나 위탁경영 체제를 도입함으로써 해결될 수 있다. 대학은 효율성을 높이기 위해 위탁운영 체제를 다양하게 채택할 것이다. 그 중에서 다음과 같은 분야에도 위탁운영을 하게 될 것이다.

대학은 외부 전문기관에 교수채용과 교수업적 평가에 관련되는 업무를 위탁함으로써 공정성을 기할 수 있는 동시에 대학의 경쟁력을 높일 수 있으며, 불필요한 시간낭비를 없애고 필요 이상의 갈등유발을 예방할 수 있다.

코스 웨어 개발을 외부 전문기관에 맡기거나 대학과 벤처기업이 컨소시엄을 개발 · 구성 · 운영함으로써 질적 수준이 높은 경쟁력을 확보하게 된다. 대학은 졸업생의 취업문제를 해결하기 위해 주문식 교육을 도입하는 동시에 외부 전문가와 기업체와 컨소시엄 형태로 운영하는 직업교육 프로그램을 채택할 것이다.

앞으로 대학은 주기적으로 또는 반복적으로 오는 변화의 전환점과 창조적 파괴현상을 맞이하면서 끊임없는 질적 경쟁을 추구하지 않으면 대학 자체의 생존마저 불가능하게 된다. 바로 이러한 과정이 한국 대학을 세계적인 대학으로 발전시켜 놓을 것으로 전망된다.

● 상하 쌍방향 창조적 파괴 패러다임

이제 우리 교육은 초등학교로부터 대학에 이르기까지 질적 향상을 위한 혁신의 물결을 타지 않으면 안 되게 되었다. 이제 한국사회도 초선진국(超先進國)의 교육 모델을 창안하지 않으면 수요자의 욕구충족이 불가능할 정도에 이르고 있다. 국내 각 학교의 교실에 앉아 있는 학생들 중에서 많은 학생들이 외국교육을 경험했기 때문이다. 이에 따라 다양한 초선진국형 교육 모델을 다양하게 탄생시키지 않으면 학생들의 호기심을 불러일으킬 수 없게 되었다.

새로운 교육 모델 창출을 위해 초등학교 교육에서부터 대학교육에 이르기까지 자연적으로 창조적 파괴현상이 나타날 것이다. 초등학교에서는 언제라도 학교장의 허가를 얻어 국내 3개월, 국외 1개월의 교환학습을 할 수 있게 되어 있다. 이에 따라 개근상이 없어졌다. 이를 대신하여 많은 학생들에게 개인별 특기상이 주어지고 있다. 이러한 변화는 교육 전반에 엄청난 변화를 가져올 것이다.

대학은 학생들에게 대폭적인 선택권을 부여할 것이다. 이에 따라 입학시험은 포트폴리오가 중요한 역할을 하게 될 것이다. 이와 같은 상하(上下) 쌍방향(雙方向) 창조적(創造的) 파괴현상(破壞現象)은 중학교 교육을 혁신시키고 고등학교 평준화 모형을 획기적으로 바꾸어 놓을 것이다.

● 평준화에 대한 반작용 패러다임

예측 1 : 2010년까지 지방자치단체는 자립형 고등학교를 운영하여 신인재양성 체제를 마련할 것이다.

앞으로 지역개발이 한계점에 이르게 되어 지방자치단체는 교육, 문화, 환경문제에 많은 관심을 갖게 될 것이다. 지역주민들로부터 높은 호응을 받을 수 있는 것은 바로 교육이며, 교육이 주민의 숙원사업이 될 것이다.

예측 2 : 2010년부터 기존의 사립고등학교도 내용적으로 특수목적 고등학교 유형으로 전환하는 사례가 많아질 것이다.

이러한 운동이 일어나면 지금 개정된 사립학교법은 다시 대폭적으로 개정되어야 할 것이다. 지금 추진되고 있는 사립학교법은 "교육의 질 문제"보다는 정치적 목적이 우선되어 있어 앞으로 인재양성 중심으로 대폭 개정되어야 한다.

예측 3 : 2010년부터 부분적으로 교육권이 학부모에게로 돌아갈 것이고, 우수학생을 중심으로 홈스쿨링이 확산될 것이다. 또 학교운영의 일부와 전부를 학부모가 담당하는 학교유형도 나타날 것이다.

예측 4 : 2020년에는 어린이 자율성 중심의 사회가 열린다. 이에 따라 2010년을 전후하여 초등학교부터 고등학교에 이르기까지 자율성 중심의 동아리 활동이 기존 교육을 창조적으로 파괴하는 21세기 초선진국형 교육 모델로 자리잡을 것으로 전망된다. 이러한 운동은 이미 일어나고 있다.

또 초등학교에서부터 고등학교까지 자율성 중심의 동아리 활동을 통해 학생들의 탐구활동이 확보될 수 있는 새로운 체제를 제도권

교육 내에 정착시켜야 한다. 이미 이러한 운동이 초등학교 수준에서 태동하고 있다고 한다.[✤]

✤ 그 예를 들면 초등학교에서 방과 후에 전문 강사의 영어, 수학과 국어에 관한 과외공부(이러한 영 · 수 · 국 중심의 과외공부를 시키지 않으면 방과 후 학생들은 학원이나 그룹 과외 장소로 가버리기 때문에 학생들을 모을 수 없어 동아리 활동이 불가능하다는 것이다)를 시킨 다음에 자율적인 동아리 활동을 시키면 어떤 주제든지 학생들이 수용해서 탐구를 하게 되고, 그 탐구결과는 놀랄 정도의 성과를 올릴 수 있다고 한다. 이미 이러한 프로그램이 시도되고 있다는 것은 바로 선진 과학기술 한국 성취를 밝히는 불빛과도 같은 것이다.

이와 같은 새로운 인재양성 패러다임은 바로 우리 교육체제를 대폭적으로 전환시켜 버린다. 이러한 일대 변화로 인해 학부모와 학생은 정부, 교육청, 학교와 교원에 대해 끊임없이 봉사기능을 요구하게 될 것이다. 정부, 학교와 교원의 목소리는 낮아지고, 학부모와 학생의 목소리가 높아질 것이다.

21세기 지식사회 국가정책의 가장 중요한 과제는 바로 인재양성이다. 우리는 부존자원이 부족하기 때문에 훌륭한 인재를 많이 양성해야 한다. 앞으로 훌륭한 글로벌 인재들이 이웃 일본과 중국과의 문제를 충분히 해결하고, 또 미국과의 관계 개선도 원만하게 이루어낼 것이다.

6. 세대 메가트렌드

우리가 살고 있는 사회는 세대의 교체와 이음에 의해 발전된다.

세대 간의 이음이 없으면 세대 단절이 나타난다. 세대 단절처럼 무서운 것은 없다. 세대 단절은 역사 단절로 이어져서 사회발전을 후퇴시킨다. 한국사회는 세계 어느 나라와도 비교할 수 없는 훌륭한 세대 메가트렌드를 가지고 있다. 각 세대는 세대별로 뚜렷한 역할분담에 따른 훌륭한 업적을 남겼다.

각 세대는 광복 세대(光復世代), 산업화 세대, 민주화 세대, 디지털 세대로 그 특성을 나타내고 있다. 또 각각 다른 경험을 한 이들 세대 모두가 60여 년간의 세월 속에 함께 살고 있다는 것도 세계 어느 국가에서도 찾아볼 수 없다. 그러나 산업화 세대와 일부 민주화 세대(386세대의 일부) 간의 세대 이음이 잘 이루어지지 않고 있는 점은 실로 안타까운 일이 아닐 수 없다. 우리는 반드시 산업화 세대와 386세대 간의 잃어버린 세대 연결고리를 만들어내야 한다.

(1) 세대의 특성과 혼란

우리나라처럼 세대 간의 특성을 뚜렷이 나타내는 나라는 세계 어느 국가에서도 찾아볼 수 없다. 70–80–90대는 빼앗긴 나라를 찾기 위해 독립투사와 광복군으로 독립전쟁을 치렀던 광복 세대(光復世代)이다.

50–60–70대는 배고픔과 가난에서 벗어나서 보릿고개를 넘기기 위해 국내외의 산업현장을 뛰어다니면서 인내와 끈기, 그리고 근면을 최고의 미덕(美德)으로 삼아 피땀을 흘려가며 열심히 일했던 산업화 세대이다. 60대 중에서도 4 · 19세대와 6 · 3세대는 민주화 세대인 동시에 산업화 세대이기 때문에 가치편식을 하지 않았던 세대

로 볼 수 있다. 사실상 지금도 4 · 19세대와 6 · 3세대는 산업화 세대와 민주화 세대의 버팀목 역할을 하고 있다.

40대는 고도성장을 위해 국민의 자유를 통제한 개발독재에 항거하며 민주화 투쟁을 한 세대이다. 물론 이들 세대도 산업화 세대로서 열심히 일한 세대이다. 이들 세대 중에서 운동권에 속에 있었던 사람들은 민주화 투쟁에 몰입하는 동안에 학업에 충실할 수 있는 기회를 잃어버렸다는 점은 참으로 안타까운 일이다. 이들 세대의 학업 손실은 바로 국력의 손실과 직결되었기 때문이다.

20-30대는 닷컴 세대와 X세대로서 우리나라를 인터넷 강국으로 만들었고, 이들 세대는 우리나라를 IT 선진국으로 발전시키는 데 주역을 한 세대들이다.

우리나라의 인구는 2004년의 유년인구 19.6%, 생산 가능 인구 71.7%(15-64세), 노령인구 8.7%(65세 이상)로 구성되어 있다(통계청, 2005). 이러한 인구 구성비에서 산업화 세대, 민주화 세대와 디지털 세대는 생산 가능 인구집단에 속해 있고, 산업화 세대는 생산 가능 인구집단과 노령인구 집단의 양 집단에 분포되어 있다. 광복 세대는 노령화 집단 중에서 초고령화 집단에 속해 있다.

전체 인구의 약 70%에 해당하는 4개 세대집단이 현재 동일한 시대를 함께 살아가고 있다는 점도 세계사에서 그 유례를 찾아볼 수 없는 독특한 세대구성으로 나타나고 있다. 이로 인해 걷잡을 수 없는 복잡 다양한 의견들이 쏟아져 나오고 있다. 그리고 이러한 문제를 해결할 수 있는 다양한 의견과 지혜도 함께 쏟아져 나오게 된다.

우리 사회가 너무나 시끄럽고 복잡하다고 불평하는 사람이 많다. 그러나 각각 다른 특성을 가진 4개 세대가 한 집안에서 한 우물을 먹고 사는 것과 같은 구성원들의 특성을 생각해 보면 복잡성을 쉽게 이해할 수 있다. 즉 한 방안에서 광복 세대가 독립운동을 한 경험을 알리는 지혜가 나오고, 산업화 세대의 현장체험 지식에 관한 목소리가 울리고, 민주화 세대의 투쟁의 목소리가 높아지고, 디지털 세대의 인터넷 검색활동이 벌어지고 있다면 얼마나 복잡할 것인가를 한번 상상해 보자.

우리 사회는 이렇게 복잡할 수밖에 없다. 그러나 오히려 이러한 복잡성이 우리 사회를 발전시키는 원동력이 될 수 있다. 우리는 이와 같은 사회특성 속에서 나타나는 불만과 불평을 여과시켜 가면서 살아가야 하고, 또 이를 숙성시키기 위한 지혜를 발휘해야 한다.

한국의 사회지표(통계청, 2004)에 따르면 닷컴 세대(20-29세)가 교육연수가 가장 긴 것으로 나타났는데, 특이한 점은 2000년부터 여자의 교육연수가 남자보다 길어졌다는 점이다. 닷컴 세대의 교육연수의 남녀대비는 1975년 9.3년 대 8.4년, 1990년은 12.3년 대 11.8년으로 남자가 조금 길었다. 1995년에는 12.7년 대 12.7년으로 남녀의 교육연수는 똑같았다. 그러나 2000년에는 13.0년 대 13.2년으로 여자가 남자보다 0.2년을 앞섰다(통계청, 2005).

여기서 우리가 한번 주의를 기울여 보아야 할 점은 닷컴 세대 남녀 간의 사회진출 환경이다. 여자의 경우 남자보다 평균 교육연수가 조금 길 뿐만 아니라, 사회진출에서도 남녀 간의 차이가 뚜렷하게 나타난다. 군복무를 끝낸 남자의 경우는 동 연령계층의 여자보다는 2년 이상 늦게 취업을 하게 된다. 또 남자가 대학 4년을 졸업할 때에 동 연령계층의 여자는 대학원 석사과정을 끝내게 된다.

이러한 새로운 변화는 바로 저출산율과 어느 정도 관련시켜 볼 수 있다. 여성의 경우는 일찍이 직장생활에 익숙해질 수 있고, 또 대부분의 업무활동이 지식근로로 이루어지기 때문에 여성의 자아실현이 가능하다. 이러한 여성의 환경변화를 놓고 볼 때, 닷컴 세대의 여성들이 충분히 직업활동을 하고 자녀를 양육하면서도 자아실현을 할 수 있는 획기적인 교육개혁, 충분한 육아문제 해결, 여성휴가에 관한 특별한 제도 마련, 저출산 대비정책 등을 마련해야 한다. 그리고 자녀를 많이 가졌을 때의 부담보다는 장점을 부각시킬 필요가 있다.

두말할 필요도 없이 한국 닷컴 세대의 학력이 세계에서 가장 높다. 특히 여자의 학력은 남자보다 높아 세계 최고학력으로 나타나고 있다.

(2) 세대의 단절과 이음

세대의 단절처럼 위험한 것은 없다. 세대의 단절은 역사의 단절을 가져오고, 역사의 단절은 인간의 단절을 가져 온다. 특히 우리나라 정치계에서는 산업화 세대와 386세대(소위 운동권 출신) 간의 연결고리가 마련되지 않아 심각한 갈등을 불러일으키고 있다. 산업화 세대와 386세대는 가치관의 대립을 보여주고 있다. 산업화 세대는 경제를 386세대는 정치사회를 우선으로 내세우는 것으로 나타나고 있다. 의사결정 과정에서 산업화 세대는 이성(理性)을 원칙으로 하고, 386세대는 감성(感性)을 보다 중시한다. 특히 일부에서는 정치계의 386세대를 주사파로 무장한 반외세, 반시장정책을 내세우는 친북세력이라고 비판하는 반면, 산업화 세대를 국민의 자유를 유린한 개발독재를 옹호하면서 부정부패를 저지른 집단이라고 비판하고 있다.

이와 같은 산업화 세대와 386세대에 대한 상반된 가치관은 세대의 단절을 가져오고 인간의 단절을 가져오게 만든다. 따라서 우리는 반드시 연결고리를 찾아야 한다. 특히 안타까운 일은 50-60대의 체험과 지혜가 40대에게 전수되지 않고 있다는 점이다.

앞으로 386세대가 정치활동에서 리더십을 발휘하기 위해서는 주사파라고 인식될 수 있는 표현과 행동을 하지 말아야 한다. 그리고 21세기의 새로운 사회에 필요한 능력을 발휘할 수 있는 리더십을 갖추어야 한다. 특히 386세대는 산업화 세대와 비교하면 체험적 지식이 부족하다. 또 디지털 세대에 비교하면 언어능력, 컴퓨터 활용능력과 글로벌 능력이 부족하다. 386세대는 이와 같이 부족한 능력을 보완하기 위해 부단히 노력해야 한다. 386세대가 이러한 능력이 부족하여 리더십을 상실하는 것도 심각할 정도의 국력 손실을 낳게 된다. 역사의 흐름 속에는 세대마다의 책임과 역할이 있기 때문이다.

세대 간의 갈등은 사회적 기동성을 둔화시키고, 원칙을 왜곡과 혼란의 수렁으로 밀어넣으며, 활력이 넘치는 마인드를 위축시켜 버린다. 우리는 빨리 이러한 수렁에서 빠져나와야 한다. 바로 오늘의 시점에서 특히 386세대 정치인들의 미래지향적인 능력이 필수적으로 요구되고 있다.

(3) 기성 세대의 복귀

기성 세대(50-60대)와 고령화 세대(60-80대)는 1990년대 말부터 무너지기 시작했다. 변화에 대해 기성 세대는 무기력할 수밖에 없었다. 기성 세대를 무기력하게 만든 것이 바로 컴퓨터였다. 바로 컴퓨터 때문에 기성 세대의 가치관이 밀려나고 젊은이들의 가치관이 자리잡게 되었다. 따라서 바로 디지털 세대가 아날로그 세대를 무기력하고 무능한 존재로 인식하게 만들어 버렸다.

그러나 지금은 기성 세대인 아날로그 세대가 다시 돌아오고 있다. 이들의 목소리가 높아지기 시작한 것이다. 지금 도시 지역 여러 곳의 경로당에서 노인들을 찾아볼 수 없게 되었다. 많은 노인들이 취미활동을 하고, 학습을 하고, 또 일을 배워서 일터로 달려가고 있기 때문이다. 특히 노인들은 동사무소를 비롯한 각종 컴퓨터 교실에서 컴퓨터 기능을 습득하여 취업활동을 비롯한 사회활동에 적극적으로 참가하기 시작하였다.

실제로 선진국에서는 높은 근로의욕과 축적된 지식 및 경험을 가진 노령층이 사회적으로 유용한 자원으로 평가받고 있다. 그런데도 불구하고 우리나라에서 몇 년 전에 정치적으로 노인계층을 불필요한 세대로 폄하하는 행동을 한 것은 참으로 불행한 일이었다.

지금 많은 기성 세대들이 컴퓨터를 사용할 수 있는 기능을 갖추어 새로운 역할을 하기 위해 다양한 사회활동 무대에 속속 복귀하고 있다. 또 기성 세대는 젊은 세대의 콘텐츠 개발에 부족한 지혜를 보충해 줄 수 있는 충분한 능력을 가지고 있다. 특히 요즘 50-60대의 취업률이 20-30대보다 높아지고 있다. 얼마 가지 않아서 인공지능 신소재 인프라가 구축되면 컴퓨터를 비롯한 대부분의 직업활동에서 기성 세대의 능력이 높게 발휘될 것이다. 특히 디지털에 아날로그가 결합되어야 더 높은 부가가치를 창출할 수 있는 시대가 다가오고 있어 기성 세대의 역할이 더욱 강화될 수밖에 없다.

우리나라의 기성 세대는 세계 어느 나라의 기성 세대와도 비교

될 수 없을 정도의 인내와 끈기, 근면성과 개척정신을 가지고 있으며, 이들 세대가 산업화를 성취하는 과정에서 얻은 경험, 지식과 도전정신, 그리고 노하우는 가장 값진 깨어 있는 자본이다. 이렇게 깨어 있는 자본이 바로 젊은이들의 훌륭한 아이디어를 실현시킬 수 있는 토양이 될 수 있다. 이렇게 되면 세대 간의 이음새는 만들어지게 된다.

현재 한국인의 50-60세 연령계층의 취업률은 65%로서 OECD 회원국 중에서 상위권에 속한다. 또 국민의 평균 정년은 60세이지만 실제 은퇴연령은 70세로, 주요 선진국에 비해 정년은 빠르고 실제 은퇴는 가장 늦은 편으로 나타났다(OECD, 노령노동인구보고서, 2004). 이러한 추세에도 불구하고 요즘 정책당국이나 국책연구소에서 우리나라의 고령화 추세를 예측한 결과를 발표하면서 마치 고령화가 젊은이들의 부양의무만을 증가시키고 저생산을 촉진하는 요인으로 보고 있는 점은 당장 바로잡아야 할 내용이다. 출산율을 증가시키기 위한 정책뿐만 아니라 생산적인 노령화 세대를 위한 정책도 적극적으로 추진해야 한다.

돌아온 기성 세대에게는 새로운 역할이 기다리고 있다. 지금부터 우리 사회의 발전을 위해 기성 세대는 적극적인 발언을 하고, 정당한 일을 위해 더욱 더 강력한 목소리를 내야 한다. 그리고 취업을 하거나 스스로 일터를 만들어 가고 새로운 고용을 창출하면서 우리 사회를 더욱 더 풍요롭게 만들어 가야 한다.

(4) 세대통합 공동 CEO 정신

우리는 세대통합 공동 CEO 정신을 창출하여 세대 간의 연결고리를 만들어내야 한다. 세대 메가트렌드는 지금부터 충분히 세대 간의 연결고리를 만들어 가게 될 것이다.

세대통합에서 가장 많은 노력을 해야 할 세대는 기성 세대와 운동권 출신의 정치계 386세대로서, 그 통합정신은 세대통합 공동 CEO 정신이다(여기서 말하는 기성 세대는 50-60대를 의미한다). 한편 20-30대와 기성 세대 간의 세대통합 공동 CEO 정신은 훨씬 더 쉽게 이루어질 것이다. 또 할아버지 세대와 아버지 세대의 막내아들 간의 세대통합, 또는 할아버지 세대와 20-30대 간의 세대통합도 순조롭게 이루어질 것이다. 여기서 전제가 되는 것은 기성 세대의 컴퓨터 사용능력이다. (어느 정도의 컴퓨터 사용능력만 가지고 있으면 젊은 세대의 도움을 받아 컴퓨터 사용능력이 능숙해지면서 쌍방향 도제식 관계가 이루어지기 때문에 오히려 통합에 도움이 된다).

세대통합 공동 CEO 정신은 다음과 같은 결과를 낳게 된다.

- **젊은이의 새로운 아이디어와 기성 세대의 통찰력 결합은 쌍방의 정신세계를 심화시켜서 생동감 넘치는 조직의 비전을 창출하게 된다.**

- **예측(Forecasting)과 성찰(Backcasting)이 결합되어 더욱 더 내용이 풍부한 미래가 열리게 된다**

젊은이는 오늘의 시점으로 미래를 투사해 보는 예측을 하고, 기성 세대는 미래의 시점에서 오늘을 투사해 보고 오늘의 시점으로 과거를 투사해 보는 성찰을 하게 되어 더욱 더 확실성이 보장되는 미래가 열리게 된다. 이러한 결과를 가져오기 위해서는 반드시 양 세대가 개방적이어야 하고, 적극적인 수용성을 발휘해야 한다.

● 디지털 사고와 아날로그 사고의 결합이 이루어진다

아날로그가 디지털의 존재가치를 높여준다. 디지털에 의해 해결될 수 없는 것들은 아날로그에 의해 해결된다. 나아가서 디지털 사고와 아날로그 사고가 결합되어 고부가가치를 창출하게 된다. 온라인 프로그램과 오프라인과의 만남은 고부가가치를 낳는다.

● 신지식과 체험적 지식의 결합을 가져온다

젊은 세대는 인터넷을 통해 방대한 지식정보에 접하면서 수많은 아이디어와 신지식을 창출해낸다. 정보 검색활동은 정보 편식 위주로 이루어지고, 젊은 세대는 현실감각이 부족하여 획득된 지식정보는 불완전할 수밖에 없다. 이렇게 현실감각이 부족한 지식은 반드시 기성 세대의 체험적 지식이 필요하다. 속도감각과 균형감각이 결합되면 안정된 궤도를 만들게 된다. 걷잡을 수 없을 만큼 빠른 오늘의 변화에 적응하려면 젊은이의 변화속도에 의존해야 하지만, 젊은이의 속도감각도 균형감각이 없으면 궤도를 벗어나게 된다. 바로 여기에 기성 세대의 느림의 철학이 필요하다. 속도를 줄이지 못하는 경우에 정서적인 균형감각은 필수적으로 요구된다. 기성 세대가 감싸주는 따뜻한 정서는 젊은이들이 끊임없이 새로운 것을 개척하도록 만들어 줄 것이다.

한국은 초고령화 시대를 대비하기 위해서 강력한 세대통합 공동 CEO 정신을 펼쳐나가야 한다. 통계청의 장래 인구추계에 의하면 생산 가능 인구는 2004년 71.7%에서 2036년 60.4%, 2040년 57.9%, 2050년에는 53.7%로 급격하게 감소하는 반면에, 고령인구는 2004년 8.7%에서 2036년 28.9%, 2040년 32.0%, 2050년 37.3로 급격하게 증가한다. 이러한 인구구조에서 생산성을 높이기 위해서는 세대통합 공동 CEO조직 기업모형을 다양하게 개발해서 적용할 필요가 있다.

(5) 세대통합 공동 CEO 유형

세대통합 공동 CEO는 반드시 산업화 세대와 신세대 중심의 결합만을 의미하는 것은 아니다. 차별화된 세대끼리 결합이 가능하면 시너지 효과를 가져올 수 있다는 것을 강조한 것이다. 세대통합의 유형을 제시하면 다음과 같다.

● 소소(少少)팀

20대 초반과 20대 후반, 20대와 30대가 결합된 모형이다. X세대와 닷컴 세대끼리 기업을 운영하더라도 연령차이가 필요하다. 차별화된 생각을 가진 사람들이 만나야 경쟁력을 갖는다.

● 중소(中少)팀

20–30대와 40대가 결합된 모형이다. 여기서 40대는 컴퓨터 사용

능력과 외국어 능력에서 20-30대보다 부족하다는 점을 감안하여 열심히 노력할 필요가 있다. 이는 40대의 잘못이 아니라 시대적 상황으로 인한 것이다.

● 소장(少壯)팀

20-30대와 50대로 구성되는 모형으로 세대통합 모형 가운데 가장 성공적인 결과를 이끌어낼 수 모형이다. 50대는 충분한 체험적 지식을 가지고 있고, 여전히 젊음을 향유하고 있다. 따라서 기업을 성공시켜 60대 후반에 그 결과를 얻고 즐거운 인생을 보내기 위해 가장 열심히 일할 수 있는 세대이다.

● 중노(中老)팀

40대와 60-70대가 결합된 모형이다. 나이가 든 사람으로 구성된 모형이다. 이 모형은 순수 지식산업에서 어떤 다른 모형보다 고부가 가치를 창출할 수 있는 모형이다. 60-70대가 가정에 대한 경제적 부담 없이 자신의 능력을 발휘할 수 있다면 가장 강력한 조직이 될 수는 있는 세대통합 모형이다. 또 40대는 60-70대의 후계자가 될 수 있기 때문에 더 열심히 일을 하게 된다.

● 소노(少老)팀

20-30대와 60-70대가 결합된 모형이다. 서비스업에 적합한 모

형이다. 이 모형의 운영은 20–30대가 사무실에서 네트워크 중심의 CEO 역할을 하고, 오히려 60–70대가 풍부한 사회적 배경을 가지고 외부활동 중심의 CEO 역할을 하는 모형이다. 이 유형은 지식산업과 서비스 산업 분야에서 고효율을 창출할 수 있는 모형이다.

원로 변호사와 젊은 변호사의 파트너십, 원로 연구원과 젊은 연구원의 파트너십, 원로 의사와 젊은 의사의 파트너십, 원로 출판인과 젊은 출판인의 파트너십 등을 예로 들 수 있다.

(6) 세대통합 촉진 세대

벤처열풍이 불고 디지털 세대의 가치관이 우리 사회를 휩쓸었던 몇 년 전만 하여도 기성 세대와 고령화 세대는 마치 효용가치를 잃어버린 물건처럼 뒤로 밀려나 있었다. 그리고 고소득과 출세를 지향하는 젊은이들이 사회변화를 주도하는 사회환경 속에서는 세대통합은 영원히 불가능한 것처럼 인식되었다. 특히 속도감각 속에서만 살아가는 젊은 세대들은 기성 세대의 모습을 바라보거나 기성 세대의 생각을 읽을 수 있는 시간마저 갖지 못하고 있었다.

● 세대통합 촉진 세대 등장

이제 우리 사회에도 '느림의 철학'으로 살아가는 젊은이들이 나타나면서 세대통합의 길이 열리고 있다. 바로 다운시프트족(down shift), 슬로비족(slobbie : slow but better working people)과 웰빙족(well-being)의 출현이다.

다운시프트족은 자동차를 "저속 기어로 바꾼다"는 뜻에서 나온 것으로, 높은 직책과 고소득보다는 비록 낮은 직책과 저소득일지라도 자신이 하고 싶은 일을 선택하여 여유 있고 충실하게 살아가는 계층을 의미한다. 슬로비족은 일은 늦게 하되 더욱 더 훌륭하고 완벽하게 해내는 계층을 의미한다. 웰빙족은 육체적 · 정신적 건강, 충실한 가정생활, 자연친화적인 생활 등 조화로움을 통해 행복하고 아름다운 삶을 추구하는 계층을 의미한다.

이들 계층의 특성은 기성 세대의 특성과 결합될 수 있는 내용을 많이 가지고 있다. 다운시프트족, 슬로비족과 웰빙족은 세대 간의 통합을 이끌어내는 데 주도적인 역할을 하게 될 것이다. 이들 세대는 기성 세대와 함께 영성 세대로 성장하면서 진실을 기본으로 하는 영성생활 중심의 네오 아날로그 혁명을 성취해 나갈 것이다.

(7) 세대 간의 성장 마인드

세대통합은 금세기 모든 사회가 해결해야 할 가장 중요한 과제이다. 세대 간의 갈등은 핵폭탄과 같이 무서운 것이 될 수도 있다. 사실상 우리 주변을 살펴보면 앞에 제시한 세대통합 모형이 이미 나타나고 있다. 세대통합 모형 중심의 기업은 외환위기 때에도 위기를 잘 넘기면서 계속 성장하고 있었다. 이런 세대통합 유형은 2010년까지 증가하기 시작하여 2020년에 절정을 이룰 것이다.

앞으로 X세대와 닷컴 세대는 저성장 시대를 살아가야 하기 때문에 이들 세대는 부모 세대와 할아버지 세대로부터 지혜를 반드시 배워야 한다. 특히 X세대와 닷컴 세대에게는 기성 세대로부터 얻은 지식을 미래지향적으로 발전시키는 마인드가 필요하다.

우리의 세대 메가트렌드 속에서 각 세대는 경쟁대상에 대해 각각 다른 마인드를 가지고 있는 것으로 분석된다. 광복 세대와 산업화 세대는 일본을 반드시 이겼으면 하는 마인드를 가지고 살아왔다. 이와는 달리 민주화 세대는 미국을 이겼으면 하는 마인드를 가지고 있다. 이에 비해 X세대와 닷컴 세대는 아예 처음부터 세계에서 일등을 하려고 하는 마인드를 가지고 있다. 틀림없이 우리의 X세대와 닷컴 세대는 세계를 움직여서 우리나라를 글로벌 대한민국으로 부상시켜 놓을 것이다.

7. 투 더불류 중심권 메가트렌드

투 더불류(WW) 중심권은 한국으로 향하면서 새로운 메가트렌드를 제공해 주고 있다. 한국은 투 더불류 중심권 메가트렌드를 가지고 글로벌 메기트렌드로 가기 시작하였다.

어떠한 미래를 선택하느냐에 따라 오늘이 결정된다. 미래의 선택은 좋은 내일의 창조를 위한 좋은 오늘을 만드는 것이다. 단일적인 미래 시각에서는 미래 선택의 여지가 없다. 미래는 다양한 시각을 가질 때 선택이 가능하다. 세계의 중심에 서서 다양한 시각을 가지면 미래가 보인다. 이 세계가 바로 투 더불류권의 세계이다.

여기서 말하는 투 더불류(WW)는 한반도로부터 시작되어 인도로 연결되는 해안선의 모양을 의미한다. 한반도와 중국을 잇는 해안선을 하나의 더블류(W)로 보고, 인도차이나 반도와 인도를 잇는 해안선을 또 다른 하나의 더블류(W)로 본 것이다. 더블류(W) 형태의 해안선을 따라 흐르는 개방의 물결은 중동이 개방되지 않아 인도에서 회전되어 버린다. 그리고 몽고로 이어진다.

투 더블류권은 투 더블류로 연결된 주변국가로 구성된 지역, 즉 아세안 + 3국(한국, 일본, 중국)과 인도를 포함하는 지역을 의미한다.

(1) 미래학의 이동

21세기 미래학의 세계는 투 더블류권 메가트렌드 속에서 펼쳐진다. 미래학은 지난 20세기에 1960－2000년까지 40년간을 미국과 유럽의 발전을 위해 많은 기여를 해왔다. 앞으로도 미래학은 서구 사회의 발전을 위해 계속적인 기여를 하게 될 것이다.

20세기를 지배해 온 미국과 유럽연합(EU)의 가치관은 21세기에 들어와서는 21세기 지향적인 가치관보다 오히려 과거의 권위주의적인 가치관으로 회귀하려고 하고 있다. 20세기 말부터 지금까지 구미사회는 21세기의 가치관과 글로벌화를 오랫동안 소리높여 외쳐왔다.

그러나 정작 21세기에 들어와서는 오히려 그들이 항상 그들의 권위를 누려왔던 19세기와 20세기에 집착하면서 과거와 똑같은 권위주의에 사로잡혀 있다. 또 그들은 글로벌화를 미국화나 유럽화로 동일시하고 있다. 사실상 지금까지 근대화마저도 미국화나 유럽화를 의미하는 것으로 인식되어 왔으며, 아직까지도 이와 같은 사고의 틀에서 빠져 나오지 못하고 있다.

미래학은 21세기에 새로운 동양을 여는 데 크게 기여하게 된다.

또한 아시아의 발전과 성장을 위해 새로운 영역과 역할을 개척해 나가게 될 것이다. 아시아는 이념적 · 사상적 · 종교적 · 인구학적 · 지정학적 · 기후학적인 측면에서 다양하고 복합적인 구조를 가지고 있다. 이와 같은 정신적 · 물질적 환경에 따른 다양한 가치관과 종교관은 아시아만이 가지고 있는 고귀한 정신적 자본이다.

1990년대 말에 미국의 어떤 학자는 아시아적인 가치관은 존재하지 않는다고 하였다. 이는 미국식의 단조로운 시각으로 아시아를 바라보아 다양한 아시아를 정확하게 바라보지 못한 결과이다. 단일적 실용주의 가치관, 단일 종교적 신념, 미국식 권위주의에 초점을 맞춘 아메리칸 시각으로서는 아시아의 정신세계를 결코 제대로 바라볼 수 없다.

아시아 여러 나라들은 많은 어려움과 고통을 받아오면서도 지금까지 깊이 전통적 정신문화를 간직해 왔다. 이러한 정신문화는 결코 서구 사회에서는 찾을 수 없는, 아시아만이 가지고 있는 정신적 영양소이다.

아시아 지역의 복잡 다양한 가치관, 문화와 전통, 종교, 지역적인 특수성은 21세기 지식사회의 발전에 크게 기여하게 될 것이다. 특히 아시아인의 풍부한 암묵지(暗默知 : 두뇌 속에 잠재해 있는 지식) 역시 새로운 지식창출을 위한 중요한 사회적 자본이 될 것이며, 아시아 여러 나라의 유서 깊은 정신문화는 디지털 문화의 영향을 받아 21세기 지식사회를 문화 중심의 사회로 전환시켜 놓을 것이다.

그러나 아시아의 미래를 위해 서구 미래학자들의 노력 또한 필요하다. 동양의 미래 아시아에 대해 폭넓고 다양한 시각으로 연구하는 많은 동양의 미래학자가 필요하다.

21세기 미래학은 지난 20세기보다 훨씬 더 많은 영역과 내용, 그리고 다양한 방법으로 새로운 아시아 세계를 펼쳐나갈 것이다. 동양과 서양을 대립시키고 동양을 서양의 지배대상으로 보았던 과거와는 달리, 동양과 서양이 대립관계가 아니라 상생관계를 통한 조화로운 지구촌 사회를 창조해낼 것이다.

(2) 투 더블류권의 특성

투 더블류권은 중앙아시아, 러시아와 연결되어 있다. 또 에이펙(APEC), 앗셈(ASEM)과 연결되어 있어 21세기 세계질서를 만드는 중심축이 된다. 점진적으로 글로벌 상품생산 시장과 글로벌 소비시장으로 자리를 잡으면서 세계경제를 주도하게 된다.

투 더블류권 국가들은 여러 가지 다양한 특성을 가지고 있으면서 동시에 여러 가지 면에서 동질성을 가지고 있다. 그 중에서 중요한 특징 몇 가지를 찾아보면 다음과 같다.

● IT 중심이며, 중간은 제조 중심으로 되어 있다

투 더블류권에서 21세기를 전후하여 투 더블류권의 양극(兩極) 지역인 한국과 인도는 IT강국이 되었고, 가운데 지역인 중국은 제조업 천국으로 부상하고 있다.

● 거대시장이 연결되어 있다

21세기 10대 시장 중에서 4대 시장인 한국, 중국, 인도네시아와 인도가 투 더블류권 안에서 서로 연결되어 있다. 이와는 달리 브라질과 아르헨티나는 연결되어 있으나 멕시코는 중남미에 위치해 있다. 폴란드, 터키, 남아프리카 공화국은 동떨어져 있다. 투 더블류권의 4대 시장은 2020년까지 세계의 생산시장과 소비시장으로서 중심적 지위를 굳힐 것이다. 그리고 늦어도 2030－2040년 기간에는 세계경제를 움직일 수 있는 거대 생산시장과 거대 소비시장이 될 것이다.

● 고대 문명권이 연결되어 있다

고대 4대 문명 중에서 중국의 황하 문명과 인도의 인더스강 문명은 투 더블류권 지역 안에 있다. 메소포타미아 문명도 넓게 보면 투 더블류권 내에 있고, 이집트 나일강 문명도 투 더블류권에 근접해 있다.

● 모든 종교를 수용하고 있다

유교와 불교로부터 힌두교와 이슬람교, 천주교와 개신교는 물론 다양한 민족종교까지 수용하고 있으며, 심지어 토속신앙까지도 그대로 간직하고 있다.

● 강한 애국심과 고유 언어를 가지고 있다

비교적 교육열이 높고, 가족 연대감이 강하며, 비슷한 정서를 가지고 있다. 온대 지역과 아열대 지역으로 구분되어 있어 자원이 풍부하며, 한국, 일본과 중국을 제외한 대부분의 국가들은 많은 청소년 인구를 가지고 있다.

● 대부분의 국가들이 해상과 육상 교통망을 가지고 있다

고대 4대 문명국가들도 해상 교통망과 육상 교통망을 가지고 있었다. 오늘의 세계는 교역 중심의 사회이기 때문에 해상 교통망은 더욱 더 중요하다. 앞으로 투 더불류권 국가들은 해상 교통망을 통하여 투 더불류권의 인적 · 물적 교류를 더욱 더 활발하게 전개해 나갈 것이다.

(3) 신세계질서

2020년에는 투 더불류권이 세계의 중심으로 부상한다. 지정학적으로 보아도 투 더불류권이 세계의 중심에 서 있다. 그리고 투 더불류권의 정신문화야말로 21세기 사회를 영적(靈的) 존재 중심(存在中心) 사회로 발전시킬 수 있다. 인류의 보편윤리도 다양한 문화와 다종교를 수용하고 있는 투 더불류권에서 정립될 것으로 예측된다. 투 더불류권이야말로 영성문화를 중심으로 21세기 웰빙 사회의 표본을 만들어낼 것이다.

이미 투 더불류권은 위치, 역사, 문화와 종교 면에서 세계의 중심에 있다. 지금도 한국, 일본과 중국이 협력체제를 구축하면 세계를 움직이고도 남음이 있다. 2040년에는 투 더불류권이 경제적으로 세계의 중심에 서게 된다. 이러한 특징은 2020년에 뚜렷하게 나타나게 된다.

2020년에는 세계 경제력 순위 최상위 4개국 중에서 투 더블류권의 3개국(중국, 일본과 인도)이 포함된다. 한국도 2020년에는 1인당 국민소득 규모에서 세계 9위에 진입할 것으로 예측되고 있다(골드만삭스 보고서, 2005). 이에 따라 투 더블류권의 광역화는 더욱 더 확산될 것이다.[88]

[88] 2010년을 전후하여 호주, 뉴질랜드 등은 투 더블류권 주변국가들로 연계될 것이다. 그리고 북쪽으로는 러시아와 강력한 협력체제가 만들어지고, 몽고(Mongol)를 비롯한 중앙아시아를 중심으로 카자흐스탄(Kazakhstan), 우즈베키스탄(Uzbekistam), 투르크메니스탄(Turkmenistan), 키르기스탄(Kirghizstan), 타지키스탄(Tahikistan) 등의 국가들 역시 투 더블류권과의 관계를 강화해 투 더블류권과 연결될 것이다. 더 나아가서 투 더블류권의 부상은 중동을 개방체제로 유도하는 촉매제 역할을 하게 될 것이다.

● 2040년까지 투 더블류권과 미국의 협력체제는 오히려 강화될 것으로 전망된다

지금까지 미국은 투 더블류권의 성장과 발전을 위한 산파역할(産婆役割)을 해왔으며, 앞으로도 미국은 투 더블류권의 성장과 발전을 위한 산파역을 계속하게 될 것이다. 그리고 지금 표면적으로 나타나고 있는 미국과 중국 간의 갈등은 앞으로 더욱 더 높은 수준의 협력관계로 발전할 것이다. 이는 바로 양국 모두에게 도움이 되기 때문이다. 이러한 관점에서 보면 현재 일본의 태도는 정말 미묘한 느낌을 갖게 만든다.

그러나 미국은 중국이 확고한 세력을 구축할 때까지 일본과 동맹관계를 유지하면서 계속해서 중국과의 갈등을 유발하여 중국을 불안하게 만들 것이다. 또 일본으로 하여금 대리전을 유발시킬 수도 있을 것이다. 이러한 상황은 한국의 위치를 더욱 더 불안하게 만든다. 어떤 경우에는 북한이 이러한 복잡한 관계를 해결하는 분출구로 악용될 가능성도 결코 배제할 수 없다.

● 동남아시아와 서남아시아 대부분의 국가들은 미국과의 협력관계를 지속할 것으로 전망된다

동남아와 서남아 국가 가운데 태국을 제외한 대부분의 국가들은 과거에 영국, 프랑스 등 유럽 국가들의 식민지였다. 그렇기 때문에 이들 국가들은 유럽 국가들보다는 미국을 선택하게 된다. 미국도 개발과 성장과정에 있는 투 더블류권의 이들 국가들과 관계를 강화하는 일이 미국의 국익에 도움이 된다.

● 투 더블류권과 미국은 하나의 공동시장으로 발전하게 된다

투 더블류권 국가들은 계속적으로 미국을 상품시장으로 선택해야 한다. 미국 역시 투 더블류권을 상품 생산지와 소비시장으로 선택해야 한다.

● 상호 간에 지식시장으로서의 교류작용이 이루어진다

투 더블류권은 계속적인 성장과 발전을 위해 미국으로부터 새로운 지식과 기술을 받아들여야 한다. 투 더블류권 역시 미국을 위한 거대한 지식시장(知識市場)이 되어야 한다.

● 미국은 계속해서 투 더불류권의 고등교육시장으로서 중요한 역할을 할 것이다

미국 고등교육기관의 중요한 고객은 투 더불류권의 유학생들이다. 2002년에 미국에 유학하고 있는 아시아 각국의 유학생 수는 전체 유학생 582,966명 중에서 인도가 66,836명, 중국이 63,211명, 한국이 49,046명, 일본이 46,810명에 이르고 있다(Institute of International Education, 2003). 이들 4개국의 유학생이 전체 유학생의 약 39%를 차지하고 있다. 투 더불류권 국가들의 유학생 수를 모두 합치면 약 60% 이상을 차지할 것이라는 추정이 가능하다.

2020년이 되면 투 더불류권 국가들 간의 유학생 교류가 활발해져서 투 더불류권의 미국 의존도는 줄어들게 될 것으로 전망된다. 이러한 변화는 이미 시작되었다. 이는 곧바로 미국의 고등교육 시장의 위기로 연결된다. 이는 바로 미국의 고등교육 개혁사업을 촉발시킬 것이다.

● 미국은 투 더불류권과의 협력체제를 구축하여 글로벌 리더십을 강화해 나갈 것으로 전망된다

미국이 국제사회에서 리더십을 유지하기 위해서는 반드시 투 더불류권 국가들의 협력을 받아야 한다. 앞으로 미국을 비롯한 서방국가들은 유엔 내에서도 투 더불류권 국가들의 협력을 얻어내는 일이 더욱 중요한 과제가 될 것이다.

● 투 더불류권과 북유럽과의 관계가 활발해질 것이다

이와 같은 투 더불류권의 신질서형성으로 투 더불류권과 북유럽과의 유대가 강화되는 동시에 러시아와의 동반자관계(同伴者關係)도 더욱 강화될 것이다. 지난 20세기에는 동아시아와 북유럽과의 교류가 많이 이루어지지 않았으나 21세기에는 두 지역 간의 교류가 활발해지게 될 것으로 전망된다.

(4) 신고객 메가트렌드

이와 같은 투 더불류권의 형성과 발전은 아시아 지역을 비롯한 글로벌 세계에 발전적인 기회 메가트렌드를 펼쳐주고 있다. 특히 투 더불류권의 부상은 우리에게는 기회인 동시에 행운이다. 1990년대 말부터 지금까지 미국과 일본은 저성장을 지속하고 있다. 미국 경제와 일본 경제에 의존해 왔던 한국 경제가 중국과 인도 및 동남아시아로 새로운 활로를 열지 않았더라면 한국 경제는 곤두박질쳐 버렸을 것이다.

지금까지 우리는 계속되는 기회와 행운의 흐름 속에서 경제성장을 하여왔다. 월남전, 간호사와 광부의 독일 취업이민, 미국과 일본의 한국 수출시장화, 중동의 토목공사 및 건설사업 수주 및 노동자 진출 등이었다.

우리는 투 더불류권의 성장과 발전에 기여하면서 동시에 계속적인 국운상승의 기회를 맞이해야 한다. 바로 여기에 다음과 같은 투더불류권의 기회 메가트렌드가 열려 있다.

● 기회 메가트렌드 1 : 5%의 고객을 왕으로 모시자

중국인과 인도인의 5%는 부자(富者)인 상류계층에 속한다. 우리가 이들을 왕으로 모신다는 신념을 갖게 되면 우리 경제는 계속적인 발전 사이클을 그리게 된다. 이들은 지금도 고가(高價) 첨단제품을 구입할 수 있을 뿐만 아니라 미래에도 역시 고급제품의 구매자들이다. 양국 인구의 5%는 약 1억 2천 명에 해당한다. 한국이 1억 2천만 명의 20%만을 고객으로 유치한다고 해도 무려 2천4백만 명의 고객을 확보하는 것이 된다.

또 우리는 첨단제품이나 고급상품을 만들어 서구 사회뿐만 아니라 중국과 인도로 가서 시장을 개척하고, 또 선진국과의 상품경쟁(대부분의 선진국 상품들도 앞으로 중국과 인도로 몰려온다)에서 이기면 미국 시장과 유럽 시장도 개척된다. 이미 이러한 패러다임이 현실화되고 있다.

● 기회 메기트렌드 2 : 1억 5천만 명의 길잡이가 되자

최근의 WTO 보고서에 의하면 2020년에는 1억 명의 중국인과 5천만 명의 인도인이 해외여행을 할 것으로 예측하고 있다. 우리는 이들 양국의 1억 5천만 명의 해외 여행자를 얼마나 그리고 어떻게 수용할 것인가를 지금부터 준비해야 한다. 이미 중국인과 인도인이 해외로 이동하기 시작했다.

최근에 일본, 대만, 홍콩과 중국에서 한국 영화에 감명을 받아 한국을 방문한 사람의 수가 약 200만 명(중앙일보, 2006. 2. 3.)에 이른다고 한다. 앞으로 아시안을 비롯한 투 더블류권의 해외여행자 수는 2억 명에 이를 것으로 추정되며, 여기에다 한국과 일본의 여행자를 합치면 그야말로 천문학적인 숫자에 이르게 된다. 한국인들도 동남아 지역과 중국, 심지어는 일본에까지 가서 외화를 소비하고 있다. 동남아 지역과 중국의 골프장은 한국 사람으로 가득 차 있다고 한다.

지금 우리에게는 21세기 문화관광국으로서의 면모를 갖추는 일도 시급한 과제이다. 훌륭한 정책을 수립하고 잘 실천하면 외화획득은 물론 많은 일자리 창출이 가능하다. 그리고 또 다른 WTO 보고서에 의하면 2008년 북경올림픽을 계기로 하여 1억 명의 외국인이 중국을 여행할 것으로 예측하고 있다.

우리는 이러한 관광 메가트렌드를 충분히 활용할 수 있는 확실한 정책을 마련해야 한다. 질적으로 수준 높은 관광 프로그램을 개발하고, 우수한 관광인력을 양성하며, 특히 여행안내 요원에 대한 허술한 대우도 개선해야 한다.

가장 시급한 일은 관광산업 전반에 걸쳐 모든 부조리를 철저하게 뿌리뽑는 일이다. 우리의 관광산업에 구태의연한 부조리가 상존하는 한, 우리의 관광산업은 동남아시아에서도 왕따를 면치 못하고 망신을 당하게 된다.

(5) 인력 메가트렌드

지금 투 더블류권에는 새로운 인력시장이 열리고 있다. 새로운 인력시장은 한국이 그 중심이 될 것을 요구하고 있다. 투 더블류권 내에서 많은 유학생들이 한국 유학을 원하고 있으며, 한글을 배우는 아시아인의 수는 계속 증가하고 있다.

● 기회 메가트렌드 3 : 투 더블류권 유학생을 적극적으로 받아들이자

필자는 1990년부터 중국과 인도를 비롯한 동남아시아 유학생들을 맞이할 준비를 해야 한다고 수차 강조한 바 있다. 2001년부터 중국 유학생들이 한국 대학의 문을 두드리기 시작하였다. 그 당시에 우리 정부와 대학은 이를 위한 충분한 준비작업을 하지 않았다. 그러나 지금은 대부분의 대학들이 투 더블류권 유학생들을 적극적으로 받아들이고 있어 퍽 다행이다.

미국이 해외 유학생을 많이 받아들여 국력을 강화하고 또 막대한 외화를 벌어들였듯이 지금부터 한국도 투 더블류권 유학생을 적극적으로 수용해야 한다. 유학생 교류는 미래의 국가 간 협력체제를 강화하는 지름길이 된다. 이를 위해서 정부는 종합적인 장기 발전계획을 수립해야 한다. 특히 이 분야에서도 뒷면에 가려져 있는 부조리를 철저하게 뿌리뽑아야 한다. 한국에 유학 오기 위해 피해를 입은 동남아 학생들의 원한만큼 한국의 이미지는 손상된다.

● 기회 메가트렌드 4 : 투 더불류권 전문가를 양성하자

한국은 투 더불류권 전문가 양성을 위해 획기적인 노력을 해야 한다. 현재 가까운 나라인 일본과 중국에 대한 전문가도 많이 부족한 실정이다. 그 이유는 우리가 구미지역(歐美地域) 일변도로 전문가를 양성해 왔기 때문이다.

우리는 아시안 국가들, 인도와 중앙아시아에 많은 국비 유학생(國費留學生)을 파견할 필요도 있다. 이러한 지역은 생활비와 등록금이 비싸지 않기 때문에 적은 예산으로 많은 전문가를 양성할 수 있다. 또 중동지역에도 유학생을 파견할 필요가 있다. 벌써부터 국내 각 민간연구소와 기업체에서는 이 지역에 대한 전문가가 없어 인력난을 겪고 있다. 또한 한국 대학은 아시안 국가들, 인도, 그리고 중앙아시아로부터 많은 유학생을 받아들여야 한다. 정부도 이러한 일들을 정책적인 차원에서 추진해야 한다. 이들 외국 유학생들을 위한 기금센터와 대여 장학금제도 등 가능한 모든 정책을 실행해 나가야 한다.

기업체도 투 더불류권 지역에 대한 전문가 양성을 위해 특별한 주의를 기울여야 한다. 특히 기업체가 이들 지역에 근무하는 사원들에게 특별 장학금을 제공하여 거주국가의 고등교육을 이수하도록 하고, 또 사원들에게 연구비를 지급하여 이들 지역에 대한 연구 프로젝트를 수행하도록 하는 일도 매우 중요하다.

● 기회 메가트렌드 5 : 투 더불류권 인력센터를 만들자

한국은 일본 다음으로 투 더불류권 내의 선두 기러기였다. 또 앞으로 한국은 중국과 함께 투 더불류권 내에서 계속적으로 선두 기러기의 역할을 수행해야 한다. 한국은 투 더불류권 인력개발센터를 설치하여 투 더불류권 국가들의 성장과 발전을 도와야 한다.

또한 투 더불류권 여러 나라에 인력개발센터를 설치하여 직업교육을 실시할 필요가 있다. 그리고 직업교육 수료자 중 일부를 국내외 한국 기업체에서 채용할 수 있게 한다면 해외진출 한국 기업에도 많은 도움을 주게 될 것이다. 이와 같은 일은 전경련(全經聯)을 비롯한 경제단체와 정부가 협력하여 충분히 실행할 수 있을 것으로 본다.

국내의 인천, 아산 등 서해안 지역에 대대적인 투 더불류권 인력개발센터를 설치하자. 장기적으로 우리의 해외 근로자들이 이곳에서 직업교육을 받게 할 수도 있고, 또 이러한 인력개발센터는 외국진출 한국 기업체 사원들의 교육을 담당할 수도 있을 것이다.

(6) 프로젝트 메가트렌드

이미 투 더불류권 대부분의 나라에서는 이미 한국의 개발 모델을 개발 인프라로 채택하였다. 이에 따라 이들 지역에서는 우리 개발 모델의 적용이 훨씬 더 용이해졌다.

● 기회 메가트렌드 6 : 한국 모델을 수출하자

대부분의 국가들이 산업화 초기에는 한국의 새마을운동 모델과 산업화 초기의 모델을 채택하였다. 이에 비해 일본 모델은 너무 앞서 있기 때문에 적용하기가 어렵다. 특히 일본 모델은 지나치게 일본화되어 있다.

한국 모델은 이들 국가들이 적용하기 편리할 뿐만 아니라, 한국의 모델에는 그들의 감성을 불어넣을 수 있다. 앞서 논의한 바와 같이 투 더불류권 국가들은 비슷한 정신문화와 감성을 가지고 있어 결국 한국 모델을 선호(選好)하게 되어 이미 한국 모델은 이들 국가의 개발 초기의 산업 인프라로 구축되어 있다.

한국 모델을 철저히 적용한 나라는 고도성장을 이룩하였다. 그 예로 역내(域內) 선진국으로 자리를 잡은 말레이시아를 들 수 있다. 또 지금 한창 고도성장을 지속하고 있는 중국을 들 수 있다. 앞으로 베트남도 철저하게 한국 모델을 적용하여 고도성장을 이룩할 것으로 전망된다.

우리는 지금부터 계속해서 우리의 과거 경험을 투 더불류권의 모든 국가들에게 제공하고 새로운 모델을 개발하여 전수하는 투 더불류권 선두 기러기로서의 역할을 계속해야 한다.

● 기회 메가트렌드 7 : 투 더불류권 신실크로드를 만들자

첫째, 투 더불류권 신문화 실크로드를 개발하자. 투 더불류권 국가들은 고유한 전통문화를 가지고 있다. 그리고 투 더불류권 국가들은 다양한 문화를 포용하고 있다. 해안선(海岸線)을 따라 한국으로부터 인도에 이르는 국가들의 문화는 유교문화, 불교문화, 이슬람문화, 힌두문화로 구성되어 있다. 이들 문화를 중심으로 문화벨트를 만들어 관광산업과 연결시켜 투 더불류권 문화 실크로드를 만들자.

특히 이들 문화권은 해안선으로 연결되어 있어 유람선을 이용한 이동 실크로드가 만들어질 수 있다. 바다관광과 육지의 문화유적을 중심으로 전개되는 문화 실크로드는 세계인의 관심을 불러일으키는 훌륭한 문화관광 실크로드로 성장할 것이다.

바로 이러한 프로젝트는 투 더불류권 공동체를 이룩하는 데 많은 기여를 하게 될 것으로 본다. 또 이러한 프로젝트를 통해 모든 세계인들이 투 더불류권 문화를 체험하고 즐기는 새로운 글로벌 문화 환경이 만들어지게 된다.

둘째, 투 더불류권 횡단철도, 횡단고속도로, 해양 물류 실크로드를 건설하자. 투 더불류권은 한국으로부터 인도에 이르기까지 투 더불류권 횡단철도(橫斷鐵道)와 고속도로를 건설하여 문화관광(文化觀光)과 물류산업(物流産業)을 성장시킬 것으로 본다.[❀] 또 투 더불류권 횡단철도는 러시아와 몽고로 연결되고 또 유럽 철도와 연결되어 아시아와 유럽을 연결시키는 육지관광과 물류산업을 촉진하는 역할을 하게 될 것이다. 해양 물류 실크로드는 항만과 항구를 중심으로 연결되기 때문에 투 더불류권의 모든 섬나라까지도 포함하게 된다.

❀ 필자가 2004년에 『투 더불류권 중심권 신세계질서』라는 저서에서 투 더불류권 횡단철도와 해양 실크로드를 제시하였다. 그후에 지금 아시아 횡단철도와 횡단고속도로 건설에 관한 논의가 시작되고 있어 다행스러운 일로 생각된다.

● 기회 메가트렌드 8 : 투 더불류권 이동대학교를 설립하자

투 더불류권의 부상은 투 더불류권 이동대학교(Mobile University : 移動大學校)의 출현을 예측할 수 있다. 투 더불류권은 해안선에 접해 있기 때문에 충분히 유람선을 통한 이동대학교의 설립이 가능하다. 앞으로 해양 물류 실크로드의 개발은 더욱 더 투 더불류권 이동대학교의 탄생을 촉진시키게 될 것으로 전망된다.

투 더불류권 이동대학교는 3개 대학과정으로 편성될 수 있다. 하나는 해양 중심(海洋中心), 다른 하나는 지역연구 중심(地域研究 中心), 또 다른 하나는 종교 중심(宗教 中心) 이동대학이다.

① 투 더불류권 해양연구대학(海洋研究大學)은 투 더불류권 지역 해양자원 연구, 해양환경 보전연구, 해저개발, 해양기후, 해양 생태계 등에 관한 학술과 응용에 관한 내용으로 구성될 수 있다. 특히 투 더불류권 해양은 온대와 아열대 지역이 공존하고 있기 때문에 해양대학은 해양 생태계 연구를 중심으로 세계적인 해양대학으로 발전할 것으로 전망된다.

② 투 더불류권 지역 연구대학은 투 더불류권 국가들의 전통과 가치관, 역사, 지리, 문화, 산업, 관광을 중심으로 교육과정을 다양하게 편성할 수 있다.

③ 투 더불류권은 다양한 종교를 가지고 있기 때문에 세계 보편 윤리를 창출할 것으로 본다. 투 더불류권 종교대학은 투 더불류권이 가지고 있는 다양한 종교를 연구함으로써 종교가 공존하는 세계평화에 기여할 것으로 전망된다.

● 기회 메가트렌드 9 : 투 더불류권 보건환경기구를 설립하자

투 더불류권은 지정학적으로 중요한 위치에 있으며, 또 다양한 문화와 기후, 그리고 산업특성을 가지고 있다. 투 더불류권의 발전과 글로벌 보건환경을 조성하기 위한 투 더불류권 보건환경기구가 필요하다. 이러한 일에도 한국이 리더십을 발휘해야 한다.

① 투 더불류권 질병관리 예방기구를 설치할 필요가 있다.

투 더불규권 지역은 온대와 아열대 지역을 포함하고 있다. 이제는 자유로운 개방체제를 맞이하여 사람과 가축이 이동하고 있다. 사람과 가축은 각종 바이러스를 이동시킨다. 사스와 조류 독감도 기존 바이러스를 통해 이동한 것으로 나타났다.

이를 위해서 투 더불류권 국가들은 공동연구기금을 마련하여 전염성 질병의 예방과 퇴치를 위한 연구와 관리를 할 수 있는 투 더불류권 질병관리 연구센터를 창립해야 한다.

② 투 더불류권은 아열대 지역이 많기 때문에 울창한 삼림으로 덮여 있다. 또 투 더불류권은 지정학적으로 글로벌 심장부이다. 투 더불류권의 삼림훼손은 심각한 세계적인 재앙을 가져올 수 있다. 투 더불류권은 반드시 환경보호정책 수립과 환경보호를 위한 기구를 설치해야 한다.

투 더불류권 국가들이 산업화에만 치중하고 환경 청정지수를 높이지 않으면 투 더불류권 상품들이 국제사회에서 배척을 당하게 된다. 특히 투 더불류권은 개발과정에서 오염을 줄이는 일에 최선을 다해야 한다.

③ 투 더불류권은 중국의 사막화에 대한 공동 프로젝트를 추진해야 한다. 중국도 사막화 방지정책을 국방정책의 하나로 보고 보다 적극적으로 추진해야 한다. 중국으로부터 날아오는 황사는 한국과 일본은 물론 미국까지도 피해를 준다. 하루속히 중국, 한국, 일본은 황사예방을 위한 공동 프로젝트를 추진해야 한다.

이 프로젝트를 동북아 국가차원에서 다루자. 또 한국, 중국과 일본은 이 프로젝트의 수행을 동복아 공동체를 만드는 기회로 활용하자.

(7) 투 더불류권의 글로벌화

투 더불류권 국가들은 지역주의를 경계해야 한다. 지역주의의 결점은 가까운 이웃을 공격하는 데 있다. 이미 이러한 일이 나타나고 있다. 이는 지역 내에서 안주하려는 자만에서 오는 것이다.

일본은 역사왜곡(歷史歪曲)을 되풀이하고 있다. 또한 지금에 와서는 일본의 역사왜곡을 비난하던 중국까지도 고구려를 중국 역사에 끌어넣으려는 시도를 하고 있다. 바로 역사 갈등이다. 한국, 중국과 일본은 하루 빨리 역사 갈등에서 빠져나와야 한다. 이로 인한 각국의 국력낭비를 없애야 한다.

요즘 이루어지고 있는 역사 갈등은 아시아의 발전에 대한 서구의 부정적 · 비관적 비판론자들을 오히려 자극하게 될 뿐이다. 중국이 일본을 침략할 것이라고 예측하는 것은 서구 비판논자들이 투 더불류권과 동북아 갈등을 바라는 것일 뿐이다. 동북아 3국은 이와 같은 비판론자들의 의도에 말려들어서는 안 된다.

특히 일본은 구미인(歐美人)들의 책략에 넘어가서 아시아로부터 소외되는 일이 없어야 한다. 일본은 하루 빨리 아시아로 돌아와야 한다. 아시아로 돌아오는 출발점은 과거에 대해 진정한 반성을 하는 일이다. 일본이 진실한 마음의 사과를 행동으로 보여준다면 일본의 도덕성은 그만큼 더 높아질 것이다. 필연적으로 일본은 2020년 이전에 아시아로 돌아오지 않으면 안 될 것이다.

21세기 투 더불류권의 발전과 글로벌화를 위해 한국, 일본과 중국은 잘못된 지역주의를 빨리 탈피해야 한다. 이러한 일은 역사 갈등(歷史 葛藤) 타파(打破)로부터 시작해야 한다. 투 더불류권은 세계로 가야 한다.

잘못된 지역주의는 폐쇄적 갈등을 유발시킨다. 폐쇄적 갈등이 심각해지면 세 나라는 지역 외의 세계를 보지 못하고 지역 내에서만 다투게 된다. 결국 지역 전체가 붕괴되는 결과를 낳는다.

투 더불류권은 세계 전 인류가 마음을 열고 또 모든 사람들이 정신문화를 내용으로 건강한 세계를 건설하도록 노력해야 한다. 우리는 건강한 글로벌 세계를 창출하기 위해 투 더불류권과 그 주변을 끊임없이 열어가야 한다. 북한을 열고, 중동을 열어야 한다. 중동의 찬란한 고대문화도 부활시켜야 한다.

계속적으로 열리는 세계가 있는 반면에 열렸다가 다시 닫히는 세계도 있다. 유럽연합(EU)이 지역주의를 고수하여 닫히는 세계가 되지 않을까 염려되지 않을 수 없다. 유럽연합도 그 이전보다도 더

개방적인 열린 공동체가 되기를 기대한다. 또 그렇게도 자유롭고 세계 모든 인류를 위한 기회의 땅, 그리고 희망과 꿈의 상징이었던 미국이 9 · 11테러 이후에 나타나는 비자통제를 통해 미국이 닫히는 느낌을 주어 우울한 정서를 갖지 않을 수 없다. 미국도 계속해서 모든 이를 위한 기회의 땅이 되기를 세계인은 바라고 있다. 투 더불류권은 열렸다가 다시 닫히는 세계까지도 열어가야 한다. 이러한 역할도 한국, 일본과 중국이 공동체를 이룩하면 충분히 해낼 수 있을 것이다.

21세기를 통틀어서 투 더불류권과 미국은 계속적인 협력체제를 구축해 나갈 것이다. 20세기가 미국과 유럽의 협력체제 세기였다면 21세기는 투 더불류권과 미국의 협력체제 세기라고 할 수 있다. 이러한 새로운 협력체제는 세계평화 구축에 많은 기여를 하게 될 것으로 전망된다.

제3장

자신의 메가트렌드를 만들자

지금까지 제2장에서는 "7가지 미래창조 메가트렌드"를 보다 구체적으로 탐색해 보았다. 누구든지 이 메가트렌드를 읽으면서 한국인으로 태어났다는 사실에 많은 자부심을 가졌을 것으로 믿는다. 정말 우리 국민은 위대하다는 것을 느낄 수 있었을 것이다. 그리고 우리는 7가지 메가트렌드를 계속해서 창조하면서 더욱 더 발전적인 메가트렌드를 맞이하고 있음을 알게 되었을 것이다. 그러면 지금부터 우리 자신이 무엇을 해야 할 것인가를 찾아보자.

지금부터 "7가지 미래창조 메가트렌드" 속에 자기 자신을 세워보자. 그러면 세계 속에서 자신을 바라볼 수 있는 동시에 자신의 시각에서 세계를 바라볼 수 있게 된다. 자신의 주체성이 생기고, 자신의 세계관이 형성된다.

메가트렌드 속에 자신을 세워보면 글로벌 변화 속에서 나타나는 자신의 새로운 모습을 찾게 된다. 그리고 어떤 일을 해야 하고, 어떤 역할을 해야 할 것인가를 알게 된다. 또 세계 속에서 자신의 일터를 마련할 수 있고, 스스로 고용창출을 할 수 있다는 자신감을 갖게 된다.

설사 스스로 고용창출을 하지 못하더라도 어떤 태도와 무엇을 가지고 직장으로 들어갈 것인가를 알게 될 것이다. 그리고 모든 직장인들은 직장에서 자신이 반드시 해야 할 일과 분명한 역할을 알게 되어 일에 대한 활력을 갖게 될 것이다.

직책이나 연봉에 대한 마인드보다는 일에 대한 정열적인 마인드와 글로벌 마인드를 가지고 직장으로 가야 한다. "7가지 미래창조 메가트렌드"를 중심으로 새로운 생각의 틀을 만들 수 있다. 이러한 자세를 가진 사람은 직장 동료들로부터 좋은 반응을 얻을 것이다. 앞으로는 지식보다는 자신만의 독창력을 가지고 직장으로 가는 일이 중요하다. 지식만을 가지고 직업에 종사하는 사람은 지식이 떨어지면 직장에서 물러나야 한다. 하지만 새로운 세계관과 독창력을 가지고 "7가지 미래창조 메가트렌드"를 읽을 줄 아는 사람은 평생직장은 물론 평생직업을 누리게 된다.

1. 나를 위한 변화질서를 만들자

미래의 변화추세는 다양하다. 메가트렌드 속의 변화질서는 더욱 복잡하다. 메가트렌드는 최소 5-10년에서부터 최대 100년까지 지속되면서 다양한 곡선을 그린다. 이와 같은 메가트렌드는 5년 후, 10년 후, 100년 후가 아니라 바로 지금 시작된다. 그러면서도 메가트렌드는 10년대와 100년을 넘나드는 변화의 양상을 모두 담고 있다. 10년이면 강산도 변한다는 말로 우리는 10년을 아주 먼 기간의 세월로 인식해 왔다. 그러나 오늘의 변화속도와 늘어난 인간의 평균수명에 비교하면 10년은 짧은 세월이다. 시간과 함께 나타나는 변화의 양은 많지만 10년이란 세월은 빨리 지나간다. 메가트렌드를 현재의 모습으로 생각하는 사람만이 자신을 위한 변화질서를 만들수 있다.

(1) 3가지 변화질서

변화질서에 따른 변화추세의 특징을 알게 되면 불안감을 해소할 수 있고, 또 메가트렌드 속에 나타나는 변화의 복잡성을 단순화시킬 수 있게 된다. 따라서 다음과 같은 3가지 변화질서를 충분히 읽을 수 있는 능력을 길러야 한다. 3가지 변화질서는 ① 점진적 변화, ② 전환적 변화, ③ 급진적 변화이다.

● 변화질서 1 : 점진적 변화

점진적 변화는 과거로부터 현재까지의 추세가 미래로 연결되는 변화이다. 이러한 변화의 질서는 수치나 확률을 통해 통계적으로 나타낼 수 있을 때 분명해진다. 출산율 감소, 고령화 추세 등은 점진적인 변화를 뚜렷하게 나타내고 있다. 그러나 최근에 와서는 이러한 변화마저도 변화의 폭과 속도에서 분명히 점진적 변화양상을 퇴조시키고 있다.

10년 전까지만 해도 우리 주변을 살펴보면 점진적 변화를 나타내는 사례들을 많이 찾아볼 수 있었다. 그리고 예측결과에서 나타난 점진적인 변화는 거의 예측결과와 같이 현실화되어 신뢰성을 가지고 있었다. 그러나 요즘에 와서는 이와 같은 유형의 변화가 줄어들고 있다. 이는 점진적 변화질서마저도 무너지기 시작했다는 것을 의미하는 것이다.

이뿐만이 아니다. 자연환경의 변화마저도 이전과는 달라졌다. 그전에는 봄이 오면 꽃들도 순차적으로 피었다. 처음에는 노란 색깔의 개나리꽃이 피고, 그 다음에는 붉은 색의 진달래꽃이 피었다. 진달래꽃이 지면 흰색의 밤꽃이 피었다. 바로 이런 현상은 꽃이 피는 자연의 순리였다. 그러나 지금은 이러한 순리마저 깨져버렸다. 세 가지 색깔의 꽃이 거꾸로 피거나 한꺼번에 피는 경우나 지역이 생겼다. 이는 지구 온난화 현상에 대한 꽃들의 일대 반란이다.

① 겹점진적 변화

여러 가지 점진적 변화가 한꺼번에 몰려오는 변화이다. 출산율 감소에 따른 우유 소비량 감소, 지저귀 판매 감소, 산부인과 의사 감소, 소아과 병원 고객 감소, 학생 수 감소, 대학 입학정원 감소, 학급 수 감소 등의 겹점진적 변화를 들 수 있다.

이러한 변화는 아주 보편적인 일로 생각할 수 있지만, 겹점진적 변화를 읽을 수 있는 사람과 그렇지 못한 사람의 차이는 업무성과에서 엄청난 차이를 나타내게 된다.

② 쌍방향 역(逆)점진적 변화

가뭄으로 수돗물은 부족한데 물소비량은 계속 증가하는 변화가 그 예이다. 인구구조에서 유년인구는 계속 감소하고 있으나 고령인구는 계속 증가하고 있는 경우도 쌍방향 역점진적 변화이다. 또 도시인의 건강을 위해 필요한 산소의 양은 계속 증가하고 있는데도 도시

상공의 공기는 계속해서 오염되고 있는 현상도 이 변화이다.

● 변화 질서 2 : 전환적 변화

변화는 분기점을 만들어낸다. 전환적 변화는 변화가 일정기간 지속되다가 변화의 분기점(전환점)이 생겨 방향전환을 하여 다른 형태의 변화가 일어나는 것을 의미한다. 즉 신세계 A에서 신세계 B로, 정보사회에서 지식사회로의 전환 등을 의미한다. 20년 전만 하여도 미래학의 이론에서는 전환적 변화가 10년 기간이나 20–30년 기간, 1세기의 기간을 통해 일어나는 것으로 보았다. 그러나 1990년대부터 전환적 변화는 불규칙적인 주기로 나타나기 시작하였다. 이는 지식과 기술의 평균 효용주기가 단축되면서 전환적 변화를 불규칙적으로 만들고 있기 때문이다.

우리의 주변을 보면 1970년대, 1980년대와 같이 점진적 변화가 나타났던 분야나 주제들을 지금은 찾아볼 수 없다. 이는 점진적 변화가 전환적 변화로 바뀌었기 때문이다. 지금에 와서는 전환적 변화마저도 불규칙성을 드러내고 있다. 5년 만에 오던 변화가 2–3년 만에 오기도 하고, 3년과 5년의 주기로 오던 변화가 한꺼번에 몰려오기도 한다.

① 전환점의 조기 도래

변화의 전환점이 예측한 기간보다 빨리 오는 경우를 의미한다. 이는 지식과 기술의 축적에서 오는 시너지 효과에 따른 효용주기의 단축에서 오게 된다. 일반적으로 사람들이 많이 사용하는 상품일수록 변화의 전환점이 빨리 오게 된다. 지식과 기술도 유행을 따라가기 때문이다.

② 전환점의 조기 도래와 주변 환경의 변화

전환점의 조기 도래는 주변 환경을 더 빨리 변화시킨다.

상품 체인점의 존속기간 단축 : 어떤 상품의 직매장이나 체인 음식점 등은 그 존속기간이 항상 예측기간보다 짧아진다.

직책의 향유기간 단축 : 어떤 직책을 맡은 사람이 그 직책을 누릴 수 있는 기간이 짧아지는 동시에 직책의 역할이 자주 바뀌게 된다.

③ 전환점 : 절반의 단축

21세기에 들어오면서 변화의 전환점이 다가오는 기간이 20세기에 예측한 것보다 반으로 단축되고 있는 현상이 나타나고 있다. 즉 2010년의 특징이 이미 2005년에 나타났고, 2020년의 특징이 2010년에, 22세기의 특징이 2050년대에 도래하는 전환점을 마련할 것으로 전망하고 있다. 우리의 경우는 더 빨라질 수 있다.

● 변화 질서 3 : 급진적 변화

급진적인 변화는 창조적 파괴가 일어나는 것을 의미한다. 1970년대까지만 하여도 미래학계에서는 창조적 파괴현상을 내세우는 급진주의적 미래학자들을 이단자로 보았다. 그러나 이상기후 현상이 급진주의적 미래학자의 위치를 더욱 더 강화하여 주었다. 지구 온난화 현상에 따른 폭풍우와 태풍 등을 포함하는 불규칙적인 날씨는 급진적인 변화이다. 온라인 상거래가 전통시장을 무너뜨리는 것도 급진적인 변화이다.

급진주의적 미래학은 미래학의 새로운 분야를 개척하게 만들었으며, 신지식과 신기술의 개발을 촉진시켰다. 특히 지금까지 불가침 영역으로 인정해 왔던 분야까지 개척할 수 있게 해주었다. 특히 불가침 영역이었던 종교경전이나 신(神)의 영역에까지 과학적 연구가 가능하게 만들어 주었다.

지난 세기까지 동양의 정신세계와 가치가 서구 사회에서 반지식(半知識), 반진리(半眞理)로 취급을 받았다. 그러나 21세기에 들어오면서 반가치와 반지식이 아니라 완전한 지식(知識)과 진리(眞理)로 평가받게 되었다. 최근에 와서는 새로운 세기를 맞이하여 전환적 변화보다는 오히려 창조적 파괴현상을 일으키는 급진적인 변화의 모습을 쉽게 찾아볼 수 있게 되었다.

① 전환적 변화와 창조적 파괴현상

전환적 변화는 반드시 다른 한쪽에 창조적 파괴를 가져오게 만든다. 이러한 변화를 가지고 우리는 오늘을 불확실성의 사회라고 부르고 있다. 우리는 "불확실성의 시대"란 용어를 핑계로 책임을 회피할 것이 아니라, 전환적인 변화가 만들어내는 창조적 파괴현상을 찾아낼 줄 아는 능력을 길러야 한다.

② 가치관의 소멸과 창조적 파괴현상

창조적 파괴현상은 하나의 가치관이 생명력을 잃어버릴 때 나타난다. 하나의 가치관이 생명력을 잃어 소멸되게 되면 이러한 가치관을 중심으로 만들어졌던 조직, 제도와 상품들은 하루아침에 침몰한다.

③ 총체적 위기와 총체적 파괴현상

사회 전체적으로 사회질서를 유지할 수 없는 총체적 위기가 나타났을 때 사회 전반적인 창조적 파괴현상이 나타난다. 한 사회를 지탱하는 패러다임의 교체현상이 일어날 때 총체적 파괴현상이 나타난다.

메가트렌드에서 나타나는 창조적 파괴현상이 자신의 직업활동에 어떤 영향을 미칠 것인가를 알아보는 일은 자신의 생애를 위해 많은 도움이 될 것이다. 특히 다모작을 하면서 오늘을 살아가야 하는 우리에게는 메가트렌드 속의 변화에서 새로운 인생을 만들어내야 한다.

(2) 전환과 창조적 파괴의 순환질서

중요한 것은 메가트렌드에서 제시하는 시점이 아니라, 그 시점을 둘러싸고 있는 변화의 흐름 속에서 어떤 방향전환이 이루어지고, 또 그로 인한 창조적 파괴현상이 어떻게 나타나는가를 탐색하는 일이다.

● 두 가지 미래 질서

메가트렌드 속에는 항상 규범적 미래와 자연발생적 미래가 공존하고 있다. 우리나라가 2020년에 선진국에 진입하고 2040년에 일류국가가 된다는 것은 규범적 미래에 속한다. 규범적(規範的) 미래는 개인과 조직의 성취목표이며 비전이다.

① 나는 35세에 국회의원에 당선된다.

② 나는 21세에 변호사가 된다.

③ 나는 2010년까지 연봉을 7천만 원까지 끌어올린다.

④ 우리 회사의 2008년 매출목표는 1조 1,200억이다.

⑤ 우리 회사의 2008년 수출목표는 20억 불이다.

⑥ 우리 회사는 2010년까지 500개의 해외지사를 설립한다.

위와 같은 규범적인 미래는 우리가 확실한 것으로 믿고 고정시켜 놓았지만 하나의 가설이며, 오히려 불확실하다. 이러한 규범적인 미래를 안정된 것, 확실한 것으로 믿는 경우에 위기를 만나게 되면 당황하게 된다.

오히려 규범적 미래는 항상 불안정한 질서 속에 놓여 있다. 규범적 미래와 함께 항상 공존하는 자연발생적 미래가 언제 방향전환을 하고 창조적 파괴현상을 노출시킬 것인가를 알 수 없기 때문이다. 자연발생적 미래는 변화에 따라 생겨나는 미래이다.

2008년의 수출목표를 20억 불로 정하고 있지만, 지금부터 2008년까지의 변화양상이 만들어내는 자연발생적 미래에 따라 목표성취가 달라진다. 2000년 이전까지만 하여도 규범적 미래가 안정된 위치에 있었다. 그러나 2000년을 넘어오면서부터는 자연발생적 미래가 규범적 미래의 성공 여부를 결정하는 데 많은 영향을 미치게 되었다. 어떤 경우에는 규범적 미래는 불확실하고 자연발생적 미래가 확실한 것으로 나타난다.

우리나라가 2020년에 선진국에 진입하고 2040년에 일류국가 되기 위해서는 지금부터 2020년까지, 또 지금부터 2040년까지의 기간에 발생할 방향전환의 순환과정과 창조적 파괴현상을 주도면밀하게 탐색하고 그 해결방안을 찾아야 한다. 이러한 일련의 과정들이 자연발생적 미래의 모습을 찾게 되어 규범적 미래의 모습을 구체화시켜 나간다.

규범적 미래와 자연발생적 미래의 갈등은 예를 들어 자녀의 진로지도를 놓고 부모와 자녀 간에 의견충돌을 생기게 하기도 한다. 부모는 규범적 미래를 안정된 미래로 생각한다. 이와는 달리 자녀에게는 자연발생적 미래가 확실한 것으로 생각되고, 부모가 바라는 규범적 미래는 불확실한 것으로 생각된다.

● 쌍방향 예측

지금까지는 일방적인 시각에서 예측을 하고 예측된 결과를 중심으로 모듈화하여 이를 활용하여 왔다. 또 과거에는 규범적 미래에 주로 관심을 가지고 있었다. 과거로부터 지금까지의 변화추세를 현재로부터 미래에 적용하여 그 예측결과에 따라 목표를 정하고 일정한 과정을 밟으면 목표가 달성되는 것으로 믿어왔다. 그러나 앞으로는 목표지점까지 가는 데 필연적으로 전환과 창조적 파괴의 순환과정을 거쳐야 하는 상황에 처하게 된다.

하나의 미래가 아니라 공존하는 두 개의 미래가 중요성을 갖게 되면서 예측에서도 한 방향 예측이 아닌 쌍방향 예측이 중요한 의미를 갖게 되었다. 쌍방향 예측의 하나는 현재를 미래에 투사하는 예측(Forecasting)이며, 다른 하나는 미래를 현재로 투사하는 예측(Back-casting)이다.

2010년에 자신의 연봉을 7천만 원으로 끌어올리기 위해서는 오늘의 시점에서 2010년을 예측해 보고 2010년에서 오늘로 되돌려 투사해 보면 쌍방향에서 보는 변화를 읽을 수 있을 것이다. 특히 오늘의 미래 경영전략은 이러한 과정을 거쳐 설계되어야 한다.

이와 같은 쌍방향 예측질서 속에 2010년의 연봉 7천만 원 달성에 관련되는 구성요소들을 넣고 두 개의 미래(규범적 미래와 자연발생적 미래)와 결합시켜 보면 현실감각을 느낄 수 있는 모습을 찾을 수 있을 것이다.

● 상하 쌍방향 창조적 파괴현상

한 국가와 사회, 모든 조직체의 발전과 성장은 상하 쌍방향 창조적 파괴현상이 만들어내는 결과이다. 한 국가에서 집권세력의 선택적인 창조적 파괴와 민원창구 공무원과 실무 공무원의 창조적 파괴에 의해 개혁작업이 본격적인 궤도에 오르게 된다. 기업체도 CEO와 임원진의 창조적 파괴행동과 실무자의 창조적 파괴행동에 의해 기업혁신이 이루어진다. 한 기업의 성장기간과 혁신속도는 상하 쌍방향 창조적 파괴행동에 따라 결정된다. 쌍방향 창조적 파괴현상에 적응하지 못하는 중간계층은 항상 구조조정의 대상이 된다.

(3) 중심 변화와 주변 변화

여기서 말하는 중심 변화는 가장 핵심적인 변화를 의미한다. 예를 들면 석유값의 폭등은 중심 변화이며, 석유파동으로 인해 여러 가지 주변 변화가 일어난다.

일반적으로 미래학계에서는 2018년에 인공지능 신소재 인프라가 사무실, 가정과 자동차에 활용될 것으로 예측하고 있다. 우리나라는 IT선진국이기 때문에 이 변화가 이보다 훨씬 더 빨리 오게 될 것으로 예측된다.

이러한 중심 변화는 다음과 같은 다양한 주변변화를 만들어낸다.

① 센서 중심의 인공지능 신소재 인프라는 사소한 육체적 노동까지 빼앗아가 버리기 때문에 아직까지도 남아 있는 육체노동자가 직장을 잃게 된다.
② 창의적으로 일을 해야 하기 때문에 대대적인 구조조정이 이루어진다. 오늘의 2030세대가 위기에 처하게 된다.
③ 직업교육의 내용이 획기적으로 바뀌게 되고, 새로운 인재 스카웃 경쟁이 치열해질 것이다.
④ 새로운 인프라는 남녀노소 모두에게 직업활동을 용이하게 해 줄 것이다. 고령화가 심각한 저생산성을 유발시킨다는 주장은 그 설득력을 잃게 될 것이다.
⑤ 새로운 인프라는 기존의 교통체제를 획기적으로 개선시켜 주기 때문에 도시지역 사람들이 도시 밖으로 이동하는 일이 보편화될 것이다.
⑥ 많은 기업체들이 물 맑고 공기 좋은 시골로 이전하게 될 것이다.
⑦ 많은 기업체들이 새로운 인프라구축과 사원 재교육을 위

해 막대한 재원을 필요로 때문에 충분한 재원을 확보하지 못한 기업체나 사회조직체들은 도산의 위기를 맞게 될 것이다.

이와 같이 하나의 변화는 수많은 주변의 질서를 변화시킨다. 또 이러한 과정 속에서 전환과 창조적 파괴가 이루어진다. 이에 따라 우리가 전통적으로 생각해 왔던 점진적인 획일적 변화는 점점 우리의 생각으로부터 멀어지게 된다. 인공지능 신소재 인프라가 완전하게 구축되면 현존 인력의 5%만이 직장에 남아 있을 것으로 전망하기도 한다.

2. 자신의 도움을 풍성하게 만들자

이제 우리나라도 메가트렌드 중심의 사회로 진입하고 있다. 특히 21세기 사회는 개인과 조직에 대해 선택과 집중을 요구하고 있다. 선택은 메가트렌드 속에서 이루어져야 한다. 새로운 창조는 방향전환의 순환과 창조적 파괴현상을 수용하고 발전시켜 나가는 과정에서 나온다. 메가트렌드는 미래의 행동방향을 결정하는 데 영향을 미칠 뿐만 아니라, 오늘의 행동방향을 결정하는 데도 직접적인 영향을 미친다.

많은 사람들이 메가트렌드, 즉 장기 추세나 거대 추세는 자신과는 직접 관계가 없고, 나중에 관심을 가져도 좋다는 생각을 하고 있다. 더구나 메가트렌드에는 관심이 없고, 단기적이고 일시적인 노력으로 이익을 얻으려는 한탕주의에 아직까지도 미련을 가지고 있다. 메가트렌드는 오늘의 현실로 다가오고 있다. 우리 사회에도 메가트렌드가 자리를 잡기 시작하였다. 지금부터 우리는 메기트렌드 속에서 살아가야 한다. 바로 이것이 선진화의 한 유형이다. 메가트렌드는 거대 추세나 장기 추세인 동시에 대세(大勢)이며 주류(主流)이다. 메가트렌드는 내일을 만들어 가는 오늘의 세력(勢力)이다.

(1) 자기 발견

메가트렌드의 내용을 확실히 읽으면 자신의 모습이 분명하게 보인다. 자기 자신의 모습을 바라보면 자기 발견을 하게 된다. 자기 발견을 하게 되면 자기 절제가 이루어진다.

미래의 일정기간의 시점을 정하고 그 기간에 일어날 일들을 상정해 보는 일은 대단히 중요하다. 2005년을 기준으로 5년 후인 2010년(2005－2010), 또는 지금부터 10년 후인 2015년(2005－2015), 15년 후인 2020년(2005－2020), 25년 후인 2030년(2005－2030) 등의 시점을 정하여 그 기간에 나타날 메가트렌드를 찾아보면서 자기 발견을 해보는 것이 중요하다.

미래는 무한하고 항상 멀게 느껴진다. 그렇기 때문에 미래는 추상적이고 허무맹랑한 것으로 생각된다. 하지만 미래의 어떤 분기점을 설정하여 잘라보면 마치 나무를 자르면 나이테가 보이듯이 미래를 읽을 수 있게 된다.

우리나라에서는 많은 사람들이 단일적이고 운명적인 미래를 좋아하는 나머지 미래 관련 보고서와 서적들에서 제시한 일정 시점의 예측결과에 지나치게 집착하여 피해를 입는 경우가 있다. 하지만 예측결과는 하나의 가설에 불과하다. 그리고 예측결과는 현실적으로 다양하게 나타난다. 예측시기보다 결과가 빨리 오기도 하고, 늦게 오기도 하며, 어떤 경우에는 결과가 나타나지도 않는다.

결국 자기 발견은 예측의 시점보다는 오히려 예측된 기간 동안에 어떤 변화가 교체와 순환의 과정을 거쳐 방향전환을 하고 위기를 가져와서 창조적 파괴현상이 나타날 것인가를 찾아내는 데서 이루어진다. 이러한 과정을 탐색해 보면 미래에 대한 자신의 처방전을 스스로 만들 수 있게 된다.

(2) 자신의 도움

앞으로는 제도적 도움보다는 자기 자신의 도움이 더욱 중요해진다. 우리는 연금만으로는 연장된 수명을 살아갈 수 없다. 따라서 자기 자신의 도움으로 살아갈 수 있는 방법을 찾아야 한다. 메가트렌드 속에서 자신을 도울 수 있는 길을 찾아야 한다. 산업사회에서는 국민에게 다양한 제도적 도움을 주기 위한 정책이 마련되고 실천되었다. 소득분배와 생활보장을 위한 최저임금제, 국민의 건강증진을 위한 건강보험제가 실시되었다. 또 학습권 보장을 위한 무상교육 기간의 연장과 공교육의 확대, 학자금 지원 및 학자금 대여를 위한 제도적 지원책도 마련되었다. 퇴직 후를 대비한 국민연금과 퇴직수당제, 실업에 대비한 실업수당과 실업보험제 등이 마련되었다.

그러나 21세기에 들어와서는 제도적 도움이 한계점에 이르게 되었다. 세계 어느 국가를 막론하고 지금까지 국민에게 약속한 제도적 도움을 충실하게 이행한다는 것 그 자체마저도 국가 재정상 어렵게 되었다. 특히 건강보험과 국민연금에 대한 국민의 부담금을 늘리는 데도 많은 어려움을 겪고 있는 실정이다.

지금 펼쳐지는 지식사회의 메가트렌드에서는 국민 각자가 스스로 자기 자신에게 도움을 줄 수 있는 방안을 찾아야 한다. 자기 자신의 도움 속에서 자신의 역량을 충분히 발휘할 수 있는 방안을 마련하여 실천해 나가야 한다. 제도적 도움에만 의지하게 되면 근면성 부족으로 자립능력이 떨어져 생존 자체마저도 어렵게 된다.

이러한 시대적 변화에도 불구하고 정부가 전적으로 제도를 통해 양극화 현상을 해결하려고 한다면 많은 사람들의 근면성이 떨어져 양극화 현상은 더욱 더 심해질 것이다. 모든 국민들이 신바람 나게 열심히 일하게 될 때 양극화는 극복된다.

우리는 없어져야 할 직책이나 직업을 붙들고 아직까지도 투쟁하고 있다. 이와 같은 투쟁보다는 빨리 자신의 도움으로 살아갈 수 있는 길을 찾아야 한다.

자신의 도움을 마련하기 위해서도 역시 메가트렌드를 읽어야 한다. 인프라 메가트렌드에 친숙하지 않으면 자신을 스스로 도울 수 있는 길을 찾지 못하게 된다. "2020년까지 어떤 인프라가 구축될 것인가?"를 알아보는 것은 대단히 중요하다. 우리나라에서는 1970년대 말부터 1980년대 초까지 산업 인프라가 구축되면서 산업 인프라에 잘 적응하지 못하였던 사람들은 뒤쳐지게 되었다.

1990년대 말부터는 정보 인프라가 구축되기 시작하였다. 그때에도 정보 인프라를 잘 활용하지 못했던 사람들은 능력이 부족한 사람으로 취급되어 취업과 승진에서 뒤로 밀려나 버렸다.

2020년까지 구축될 인프라를 알게 되면 지금부터 자신을 도울 수 있는 노하우를 찾게 될 것이다. 요즘 변화가 복합적으로 일어나듯이 인프라 구축도 복합적이며 연속적으로 올 것으로 예측되며, 2020년까지 최소한 세 가지 인프라가 연속적으로 구축될 것으로 전망된다.

● 지식 · 기술 · 문화 인프라

지금 대부분의 조직체들은 인트라넷을 구축하고 많은 양의 정보를 투입시켜 놓았다. 73일마다 인터넷의 정보량은 2배로 증가하는 것으로 추정되고 있으나 바로 활용할 수 있는 지식은 부족하고 업무의 효율성을 올릴 수 있는 노하우도 찾기 어렵다. 대부분의 일들이 온라인으로 처리되어 정신적 영양소를 가진 조직문화의 생존은 어렵게 되었다.

따라서 지금부터 활용할 수 있는 지식, 노하우와 결부된 지식과 정신문화 활동이 투입된 새로운 지식 · 기술 · 문화 인프라를 늦어도 2010년까지 구축해야 한다. 바로 이러한 인프라가 구축되면 2010년에는 지식경제 시대가 정착된다. 이러한 신인프라의 구축을 미리 예측하는 사람은 자신의 조직을 위한 지식창출을 준비하게 되고, 노하우를 찾아보고 새로운 오프라인 학습과 조직문화를 준비하는 사람이 되어 2010년에 가서 자신을 성장시키고 조직의 발전에 기여하게 될 것이다.

● 인공지능 신소재 인프라

2015–2018년 인공지능 신소재 인프라가 자동차, 사무실과 가정에 구축되어 우리의 주변 환경에 일대변화를 가져오게 될 것으로 전망된다. 즉 사람이 직접 해야 하는 사소한 육체적 활동마저도 필요없게 되는 분야가 많아질 것이다. 이로 인해 또 다시 구조조정의 시기를 맞이하게 되고, 창의성 중심의 지식근로를 요구하게 되어 창의성이 없는 사람에게는 일자리 자체가 없어질 것이다.

여기서 자신의 도움을 찾을 수 있는 일이 무엇인가 심사숙고하는 일이 바로 지금 시작되어야 한다. 최우선 과제는 자신의 독창성을 기르는 길이다. 창의성을 중심으로 자신의 지식근로 능력을 향상시키는 일이 선행되어야 한다.

● 웰빙 인프라

웰빙 인프라는 2010–2020년까지 구축될 것이다. 여기서 말하는 웰빙 인프라는 정신적으로 건강한 사회생활, 건강한 직장생활, 건강한 가정생활을 위한 인프라이다. 정신적으로 건강한 생활을 할 수 있는 노하우를 지금부터 익혀 나가야 한다.

앞으로 자신의 도움 없이 제도적 도움만으로 살아간다는 것은 거의 불가능하다. 제2장에서 제시한 "7가지 메가트렌드"를 세분화시켜 보고, 세분화된 내용을 자신의 일과 역할에 결합시켜 보자. 그러면 자신의 도움을 풍성하게 만들 수 있는 방법을 찾게 될 것이다.

(3) 투명사회의 질서

IT기술과 인터넷은 생각했던 것보다 더 빨리 우리 사회를 투명사회로 만들어 놓을 것이다. 우리 사회는 점점 투명해져 가고 있다. 2010년을 넘어서면 뚜렷한 변화의 모습이 드러나고, 2015년부터는 투명사회 중심의 생활양식이 사회 속에서 자리를 잡아갈 것으로 예측된다.

● 투명사회는 새로운 감성의 틀을 요구한다

필자는 1987년에 유네스코 모바일 팀의 일원으로 호주의 중등교육 개혁 내용을 평가하기 위해 호주의 아델라이드(Adelide) 시에서 15일간을 머무른 적이 있었다. 이 도시에서는 모든 사회분야가 질서정연하였다. 호텔과 음식점에서의 예의범절은 종업원과 손님이 똑같이 지켜야 하는 것이 기본이었다. 길거리에는 교통순경이 보이지 않았고, 교통사고를 내고 다투는 사람도 볼 수 없었다. 호텔직원들은 과잉 친절하지도 않았고, 그렇다고 불친절하지도 않았다. 꼭 지켜야 할 예의범절이 몸에 배어 있었다. 아델라이드 시는 호주 내에서도 아주 평화롭고 살기 좋은 곳이니 당연한 일이다. 그런데도 나는 심한 두통을 앓았다.

항상 우리 사회에서는 일단 남을 의심하고 살아간다. 밖에 나가면 차량을 조심해야 하고, 옆 사람에게도 신경을 쓰고, 물건을 살 때에도 혹시나 하고 의심을 하게 된다. 우리의 정서는 일단 남과 주변에 대해 의심을 하면서 하루가 시작된다. 바로 나의 두통은 투명사회에 익숙하기 위한 하나의 문화적 충격이었다. 일단 의심하지 않는 정서로 바꾸는 데 3–4일이 거렸다. 그 이후에는 평화스러운 마음을 가질 수 있었다. 그리고 두통이 없어졌다. 투명사회는 의심하지 않는 감성을 요구한다. 우리는 투명사회를 위한 새로운 적응을 준비해야 한다.

● 투명사회는 새로운 생각의 틀을 요구한다

남이 나를 이렇게 속이면 나는 저렇게 해서 상대방을 이용하겠다, 또 상대방이 나를 이용하지 못하도록 이리저리 피해가겠다는 생각의 틀을 짜면 투명사회에서는 모든 일들이 순조롭게 진행되지 못하고 일이 꼬이게 된다. 실제로 우리는 이러한 타성을 가지고 살아왔다고 해도 결코 지나치지 않다.

투명사회는 진실한 마음으로 생각의 틀을 짜야 한다. 진실한 마음이 없이 짜여진 생각의 틀은 투명사회의 문화 속에서는 당장 그 본색이 드러나서 창피를 당하거나 왕따를 당하여 처신(處身)을 어렵게 만든다. 진실한 마음으로 생각의 틀을 짜면서 투명사회를 대비하자.

● CEO는 높은 윤리적 책무성을 갖는다

투명사회는 필수적으로 모든 CEO에게 정직성을 요구하게 된다. 실용주의 사회인 서구 사회보다는 유교 중심 국가인 동양 사회가 더 높은 윤리성을 CEO에게 요구한다. 유교 중심의 사회는 지도층의 도덕적인 모범이 사회를 이끌고 나가는 원동력이 되기 때문이다.

특히 투명사회에서 조직의 사회적 명성은 CEO의 높은 윤리성 유지에 의해 획득된다. 투명사회에서는 CEO의 윤리성을 중심으로 모든 사회 조직체들이 투명성 확보와 동시에, 공익을 위한 조직활동과 구성원들의 사회 봉사활동이 적극적으로 전개될 때 조직의 사회적 명성은 높아진다.

3. 다모작 세상의 주역이 되자

제2장 "7가지 미래창조 메가트렌드"를 읽은 사람은 분명히 한국인으로서 자부심을 갖게 되었을 것이다. 그리고 175개국에 거주하고 있는 한국인을 생각하면서 세계를 바라보고 무엇인가를 할 수 있다는 확신을 가졌을 것이다.

다모작(多毛作) 시대가 열렸다. 다인생(多人生)도 메가트렌드 속에서 찾아서 선택해야 한다. 반드시 2모작 이상의 생애를 구축해야 하는 세상에 접어들었다. 다모작 인생을 살아가기 위해서는 메가트렌드 속에 존재하는 여러 유형의 패러다임을 알아야 한다. 메가트렌드를 이해하는 사람만이 다모작 인생을 성공적으로 펼쳐가게 된다.

지식과 과학기술의 평균 효용기간은 18개월로 계속 줄어들고 있는 데 반하여 인간의 평균수명은 계속 늘어나고 있다. 1600년대 초 한국인의 평균수명은 약 30세였고, 8·15 광복을 맞았을 당시만 하더라도 우리의 평균수명은 약 38세에 불과했다. 이 정도의 평균수명을 유지하는 사회에서는 1모작 인생만 잘 엮어가도 당연히 성공한 사람으로 대접받았을 것이다.

2005년 한국인의 평균수명은 78.2세(일본은 82.8세)로 거의 선진국 수준에 가까워지고 있다(8·15 당시의 우리의 평균수명이 38세였으니까 지금은 그 당시보다는 2배 이상의 인생을 즐기고 있는 것이다). 그러나 한국인의 건강수명 기간(아프지 않고 건강하게 살아가는 기간)은 선진국보다는 짧다. 한국인은 일생동안에 평균 10년 이상 각종 질병에 시달린다고 한다. 다모작 인생을 엮어가기 위해서는 건강수명 기간을 늘려야 한다.

지금 젊은이들을 위한 취업공간이 좁은 이유는 대부분의 사람들이 1모작 인생, 즉 제1인생에만 집착하고 있기 때문이기도 하다. 1980년대만 하여도 한 직장에서 받는 10년 근속상은 정말 보람된 상이었다. 지금은 한 직장에서(구조조정이 이루어지고 있지만) 20년을 근무하는 일은 보통 있는 일들이다. 이렇게 한 사람이 제2, 3의 인생을 개척하지 않고 한 직장에서 20–30년간, 또 그 이상을 근무하면 젊은이들이 차지할 취업공간은 점점 줄어들게 된다.

지금 우리 사회에는 메가트렌드 속에서 직업과 직장을 스스로 창출하면서 다른 사람들에게 일자리를 만들어 주는 일이 더욱 더 중요하다. 제2, 3인생을 개척하는 사람이 많아지면 계속적으로 새로운 고용의 창출로 일자리가 많은 사회가 되어 자연적으로 실직자가 줄어들고 양극화 현상도 해소될 것이다.

이제 인생은 1모작 인생에서 2모작 인생뿐만 아니라 3, 4모작 인생으로 확장되고 있다. 그러나 대부분의 사람들이 자아실현도 하지 못하면서 1모작 인생에서의 성공만이 출세라는 집념을 가지고, 2, 3

모작에서도 성공의 기회가 있는데도 불구하고 1모작 인생에 모든 정력을 쏟아부어 자신의 능력이 소진되도록 만들어 버린다. 급기야는 건강도 잃고 친구도 잃게 되어 제2인생의 개척은 거의 불가능하게 되어버린다.

다모작의 추세는 1990-2005년까지는 1모작에서 2모작으로 옮아가는 시기이다. 2006-2015년까지는 2모작에서 다시 3모작으로 옮아가는 시기이며, 2016-2030년까지는 3모작에서 4모작으로 옮아가는 새로운 인생 패러다임이 시작되는 시대가 열리고 있다.

2모작 인생의 출발시기를 결정하는 일이 매우 중요하다. 30대, 40대, 50대, 60대 중 어느 시기를 선택할 것인가는 분명히 메가트렌드를 읽어보고 자신의 능력과 비교하여 그 시기를 결정해야 한다. 2모작 인생을 위해 자신의 정열과 능력을 쏟기에 적절한 시기를 택해야 한다. 우리의 주변에서 어떤 사람은 60대에 2모작을 시작하여 80대 초반에 1,000억의 매출을 올리는 기업을 일으킨 사람도 있다.

지식과 문화분야에서도 60대에 2모작을 시작하여 성공한 사람들을 흔치 않게 찾아볼 수 있다. 또 벤처산업 분야에서는 30-40대에 2모작에 성공한 사람이 많다. 바로 2모작의 성공 여부는 정열과 능력을 쏟을 수 있는 시점과 기간이 결정조건이 된다. 다모작 인생을 개척하기 위해서는 정열과 능력을 필수적으로 갖추어야 한다.

지금의 40대, 50대와 60대는 필수적으로 2모작을 하면서 살아가야 한다. 특히 40대는 3모작까지 설계해야 한다. 오늘의 20대와 30대는 3, 4모작을 설계하여 실천해 나가야 한다. 이들 중에서 건강한 사람은 평균수명 90-100세 이상 새로운 세상을 살아가야 하기 때문이다.

우리 모두는 메가트렌드 속에서 자신의 새로운 모습을 찾아서 다모작을 실천해 나가는 다모작 시대의 주역이 되어야 한다.

4. 한국인의 품성을 되살리자

우리는 지금부터 "7가지 미래창조 메가트렌드"를 가지고 한국인의 훌륭한 품성을 되살려야 한다. 짧은 기간에 산업화를 성취하는 과정에서 우리의 품성에 많은 손상을 남겼다. 우리는 지금 이것을 씻어내야 한다.

근본적으로는 능력이 있어서 일을 빨리 처리하는데도 오히려 국제사회에서는 이를 우리의 좋지 않은 성격 탓으로만 돌려버리고 있다. 우리 민족은 예의바른 민족인데 해외여행을 하는 사람들 중에서 극히 일부 사람들의 좋지 않은 행동 때문에 우리의 품성과는 전혀 다른 평가를 받고 있다.

전국 여러 곳에서 발견되는 문화유산, 과학유산과 봉사유산(효도비, 열녀비, 훌륭한 선비나 헌신적 공직자의 숭덕비의 내용)에서 밝혀볼 수 있듯이 우리 민족은 문화적 감각으로 탐구정신을 가지고 봉사(奉仕)할 줄 아는 민족이었다. 그리고 인간과 자연을 어우르며 정(情)이 많고, 의(義)를 지키는 사람을 존경하고, 아름다움(美)을 추구하는 민족이었다. 그리고 우리 사회는 서구 사회와는 전혀 달리 신(神)과 인간(人間)과 자연(自然)이 아무런 갈등 없이 어우러져서 조화를 이루어 간다고 믿고 있었다.

● 역사를 평가하여 우리의 품성을 살리자

지금 우리는 한국인의 훌륭한 품성을 잃어버릴지도 모르는 절박한 상황에 처해 있다. 우리는 산업화를 세계에서 가장 짧은 기간에 성취하였다. 그렇기 때문에 우리는 앞만 보고 달려 왔다. 그러나 지금은 어떻게 된 일인지 일부 계층에서는 과거로 되돌아가면서 옛 것을 오늘의 잣대로 심판하려고 한다. 필자는 "우리는 지금 오늘의 잣대로 과거를 평가할 수 있어도 결코 심판은 할 수 없다"는 것을 수차 강조하였다. 그 이유는 다음과 같다.

역사는 살아 있는 생명체이다. 역사에는 반드시 숨결이 있다. 그렇기 때문에 역사는 항상 살아서 숨을 쉬며 움직이는 생물체와도 같은 것이다. 그리고 역사는 항상 되살아나는 영원한 생명력을 가지고 있다. 역사는 아무리 덮고 또 덮어도 결국에는 살아서 움직이면서 그 진실을 밖으로 들추어낸다. 그렇기 때문에 역사는 과거가 아니라 오래된 미래라고 부른다. 지금 일본이 아무리 한국의 역사를 왜곡하고 중국이 억지로 고구려사를 중국사에 편입시키려 해도 결국 역사의 진실성은 밝혀지게 마련이다. 일본과 중국은 어리석은 짓을 하지 말아야 한다.

역사는 장점과 단점, 양극성(兩極性), 그리고 중립적이고, 다양하며 애매모호한 퍼지논리(Fussy Logic)도 포용하고 있다. 이러한 역사성(歷史性)을 흑(黑)과 백(白), 좋다와 나쁘다, 또는 옳다(正)와 옳지 않다(不正)로 구분하여 심판해 버리면 역사는 생명력을 잃어버린다. 즉 역사의 숨결이 막히게 된다. 역사가 그대로 존재할 때 우리는 역사로부터 많은 것을 배우게 된다. 역사가 그대로 존재할 때 우리는 다양한 평가를 할 수 있게 된다.

역사는 우리에게 끊임없이 계속해서 수많은 교훈을 제공해 주고 있다. 역사는 항상 미래를 포용하고 있기 때문에 단순한 과거가 아니라 오래된 미래로 그 가치를 발하고 있는 것이다. 우리는 역사를 심판하여 우리의 품성을 잃어버리게 하는 어리석은 일을 절대로 해서는 안 된다.

역사를 심판할 것이 아니라 역사를 평가하자. 역사평가를 통해 역사의 장점과 단점을 밝혀서 과거를 미래지향적으로 밝혀나가자. 그리고 역사평가는 끊임없이 계속되어야 하는 영원한 작업이라는 점을 잊지 말아야 한다. 역사를 평가하는 과정에서 평가하는 데 어려움이 있으면 그대로 남겨두어야 한다. 역사는 살아서 움직이기 때문에 언젠가는 다시 살아나게 된다. 그때 가서 우리의 다음 세대가 우리가 평가할 수 없었던 부분을 정확하게 평가하게 된다.

바로 우리의 미래창조 메가트렌드는 우리 역사의 숨결을 담고 있는 것이다. 역사와 마찬가지로 메가트렌드도 결코 심판할 수 없다. 메가트렌드의 숨결이 막히면 메가트렌드는 동력을 잃어버리게 된다. 우리는 역사평가를 통해 우리의 품성을 살려야 한다. 그리고 미래창조 메가트렌드 속에서 우리의 품성을 찾아야 한다.

● 선비정신으로 우리의 품성을 살리자

우리의 선비정신을 최고급 지식근로자 양성을 위한 기본 정신으로 삼자. 또 우리는 21세기 유형의 많은 선비를 양성하자. 학문적인 선비에만 국한하지 않고 정치, 경제, 사회, 과학기술, 교육, 문화, 체육

등의 모든 분야에서 훌륭한 선비를 많이 배출하여 우리의 우수한 품성을 살려야 한다.

그런데 정치계가 우리의 선비정신을 온통 망가뜨리고 있어 매우 걱정스럽다. 정치인은 풀뿌리 정치인으로부터 출발하여 긴 세월동안 정치적 리더십을 길러서 총선과 대선으로 가는 것이 원칙이다. 우리 사회에서는 정치인의 양성이 제대로 이루어지지 않았다. 그렇기 때문에 많은 문제점이 드러나고 있다. 또 각 정당은 집권에만 집착하다 보니 각 분야의 선비들을 싹 쓸어가서 그나마 얼마 안 되는 선비들마저 만신창이가 되었다.

과거 제3공화국과 유신체제 때에는 정군유착(政軍癒着)에 의해 훌륭한 군인들이 대거 정치에 참여함으로써 군대의 선비를 찾아보기 힘들게 되었다. 그후에 부분적으로 이루어진 정언유착(政言愈着)은 언론계의 선비를 줄어들게 만들었다. 또 정학유착(政學癒着)은 학문분야의 선비마저도 고갈시켜 버렸다. 그후로는 비자금에 의한 정경유착(政經癒着)을 넘어서 기업인을 정치인으로 발탁하는 일까지 벌어지고 있다.

최근에는 정방유착(政放癒着)까지 나타나서 유명 앵커 출신이 국회의원이 되는 일이 아주 보편화되었다. 디지털 시대에 가장 많아야 할 방송계의 선비가 없어 우리 방송의 미래가 걱정되지 않을 수 없다. 시민단체 활동을 하는 사람들까지도 정계로 달려가는 일이 벌어지고 있다. 더 나아가서 정노유착(政勞癒着)으로 노동계의 지도자까지 정계로 떠나버리면 앞으로 노동계는 누가 지킬 것인가? 또 정치인이 되기 위해 노동운동을 한다면 노동운동의 진실성을 어디서 찾을 것인가?

어느 분야에 근무하는 사람이든 정치인이 되지 말라는 법은 없다. 그러나 요즘 벌어지고 있는 정치인 스카웃 작전은 가뜩이나 선비정신이 요구되는 우리 사회의 선비정신을 혼탁하게 만들어 우리의 미래를 어둡게 만들고 있다. 분명히 정치인이 되는 코스가 있지 않은가? 정치인들도 정치인이 거쳐야 할 코스를 거쳐서 정치인이 되어 선비정신을 발휘해야 우리의 품성이 살아나게 된다. 그리고 각 분야의 전문가들이 선비정신을 발휘하면서 자신의 분야를 지키고 있어야 우리 사회의 미래가 보장된다.

● 우리의 품성을 살리는 학습을 하자

지금 우리의 자녀들은 교육이 아니라 학습을 통해 스스로 자신의 잠재력을 계발(啓發)하도록 해야 한다. 대부분의 사람들이 지금의 교육체제를 개혁하지 않고는 학생들의 품성계발이 제대로 이루어질 수 없다고 한탄하고 있다. 모든 사람들은 "입시경쟁 때문에 인간의 존엄성이 말살된다"는 결론을 내려버린다. 하지만 "원죄"(原罪)는 자기 자신이 아니라 "입시"(入試)라는 핑계를 붙여 지나쳐 버리면서 우리 모두가 교육에 대한 책임을 회피하고 있다.

이 지구상에서 입시가 없는 나라는 존재하지 않는다. 저개발국, 개발도상국가는 물론 중진국을 비롯한 선진국에 이르기까지 모두 대학입시를 치르고 있다. 우리나라에서 특별히 문제가 많은 것은 "입시가 원죄가 아니라 방법이 원죄"이기 때문이다.

타율적인 주입식 교육, 정답 맞추기 훈련, 그리고 지속적인 반복교육이 문제이다. 또 교수–학습의 질보다는 학습하는 시간과 학습

량에만 치중하기 때문에 교육을 받는 곳은 학생들에게는 고통스러운 곳이 되어 버린다. 학생의 입장에서 보면 공부를 억지로 시키는 사람은 고통을 주는 사람으로 인식하게 된다. 바로 여기에 인격의 상호작용이 이루어지지 않아 상호 간에 인간성이 메말라 버린다. 결국 학생들의 좋은 품성이 손상되어 버리는 것이다.

학생들이 학습을 하고 싶은 시간에, 그리고 좋아하는 방법으로 학습을 하게 해야 한다. 스스로 평가를 하는 자기 주도적 학습이 이루어져야 학생들의 품성이 살아나게 된다. 실제로 이러한 학습과 체험, 그리고 이런 과정을 통해 길러진 품성은 직장생활과 사회활동을 하게 만든다. 바로 이러한 품성은 성공적인 직장인과 사회인을 만들어내게 된다.

학교를 학생들이 미치도록 하고 싶은 학습을 할 수 있는 곳으로 만들어 보자. 공부하는 시간이 하기 싫은 일을 하는 노동시간과 같이 귀찮고, 피곤하고, 짜증나는 시간이 되면 학생들의 품성은 비뚤어져 버린다. 우리의 자녀들이 타율적인 교육을 받지 않고 자율적인 학습을 하게 되면 한국인의 훌륭한 품성은 되살아나게 될 것이다. "원죄"를 "입시"로 생각하지 말고 당장 교육의 "방법"을 바꾸는 일에 모든 힘을 쏟아보자. 그러면 틀림없이 우리 아들딸들의 좋은 품성이 다시 살아날 것이다.

5. 깨어나자 대한민국

지금 우리는 성장을 위한 "7가지 미래창조 메가트렌드"를 만들어 가고 있다. 지금 만들어지고 있는 메가트렌드는 세계 어느 나라도 결코 따라올 수 없는 미래 성장동력이다. 이 7가지 메가트렌드 속에 한국인의 혼이 흐르고 있다. 그런데 이 혼(魂)이 지금 잠들어 가고 있다.

우리는 아직도 깨어나지 못하고 있다.

지금 우리는 잠들어 가고 있는 한국인의 혼을 흔들어 깨워야 한다. 우리는 하루 빨리 잠에서 깨어나 세계 속에서 우리의 새로운 위상과 역할을 찾아야 한다.

대한민국은 그야말로 헤아릴 수 없을 정도의 무한한 무형자산을 가지고 있다. 그리고 이웃 일본과 중국이 결코 가질 수 없는 심오한 정신문화를 많이 가지고 있다. 그 중의 하나가 우리 어머니들의 영적(靈的) 리더십이었다.

우리 어머니들은 항상 깨어 있었다.

과거에 우리의 모든 어머니들은 아침 · 저녁으로 정신을 맑게 하여 항상 우리에게 깨어 있는 모습을 보여주었다. 그리고 천하를 움직일 수 있는 힘을 가지고 있었다. 우리 어머니들은 항상 깨어 있었기 때문에 진실 하나로 어떠한 어려움도 이겨낼 수 있다는 자신감을 우리에게 심어주었다. 깨어 있는 리더십을 가지고 있었기 때문에 모든 것을 영적으로 승화시킬 수 있는 힘을 가지고 우리를 지도해 주었다.

훌륭한 인물 뒤에는 반드시 훌륭한 어머니가 있었다.

과거 우리 어머니들의 영적 리더십이야말로 메가트렌드 속의 삶이었다. 어머니는 아들 · 딸들을 위한 마음 속의 기원을 생을 다할 때까지 결코 멈추지 않았다. 항상 깨어 있는 영적인 생활을 하고 있었기 때문에 항상 긍정적인 생각을 가지고 있었다. 자녀가 하는 일이 올바른 일이라면 항상 도전할 수 있는 개척정신을 갖도록 만들어 주었다.

우리 어머니들은 영적인 리더십을 가지고 있었다. 항상 깨어 있었기 때문에 맑은 마음에서 우러나는 진실성 하나로 자녀들을 이끌어 주었다. 이러한 영적인 리더십은 교육을 받지 않고도 자녀를 지도할 수 있는 충분한 노하우에 바탕을 두고 있다.

과거 대부분의 우리 어머니들은 문자를 해득하지 못했다. 그러면서도 학습지도를 할 수 있는 탁월한 노하우를 가지고 자녀들을 훌륭하게 성장시켰다. 불을 꺼놓고 아들에게는 붓글씨를 쓰게 하고 자신은 떡을 써는 정말 재미있는 게임을 했던 한석봉 어머니의 기막힌 학습지도 노하우는 아들을 역사적인 대서예가로 탄생시켰다. 한석봉 어머니의 목표는 양(量)보다 질(質)이었다. 또 한석봉 어머니의 평가는 마음의 평가였고 정신적인 평가였다. 대부분의 우리 어머니들은 한석봉의 어머니와 같은 깨어 있는 리더십을 가지고 있었다.

우리는 지금 과거의 우리 어머니들과 같이 정신적으로 깨어나야 한다. 정신적으로 깨어나야 한국인의 혼이 다시 살아난다. 우리가 잠에서 깨어나야 우리는 진실한 마음을 가지고 서로 간에 도움을 줄 수 있는 이야기를 나눌 수 있게 된다.

제2장에서 전개되는 "7가지 미래창조 메가트렌드"를 읽어본 사람은 우리의 능력과 잠재력을 정확하게 알게 되었을 것이다. 그러나 정신적 역량이 부족하여 우리의 훌륭한 잠재력을 성장동력으로

전환시키지 못하고 있다. 바로 우리가 정신적으로 잠들어 있기 때문이다.

지금 우리에게는 구심점이 없다. 구심점이 되어 줄 상징적 마음의 깃발마저도 잃어버릴 상황에 처해 있다. 그렇다 보니 끼리끼리 쪼개기만 하고 혼자 살아남기 위해 바로 옆에 있는 자신의 일부인 이웃까지도 파괴하려고 한다. 이러한 잘못은 결국 자기 파괴로 이어지고 이웃과 자기와의 연결고리마저 망각하게 했다. 국내에서 민주화 투쟁을 했던 일부 계층은 독재의 상징이라는 이유로 우리의 국가적인 권위까지 인정하려고 하지 않는다. 또 외국에서 학업을 마치고 돌아온 일부 계층은 세계화를 구실로 우리의 국가적 권위와 정체성마저 부정하려고 한다.

이들이야말로 아직까지도 잠에서 깨어나지 못하고 한밤중에 잠들어 있는 사람들이다. 아주 쉬운 예로 지금 우리나라와 관계를 맺고 있는 몇 개국의 국가(國歌) 가사를 읽어보면 이들의 생각이 얼마나 잘못되었는가를 알 수 있다.

우리의 애국가는 신(神)과 인간(人間)과 자연(自然)이 조화(調和)를 이루면서 평화롭게 살아가는 세상을 펼쳐나가자는 평화주의를 선언하고 있다. 이러한 의미에서 우리의 애국가는 미국, 일본과 중국 국가(國歌) 가사의 내용보다는 훨씬 더 깊고 더 넓은 정신세계를 포용하고 있다.

참고로 미국, 일본과 중국의 국가 가사를 읽어보면 이들 세 나라는 권위주의적 국가주의를 고수하면서 호전성(好戰性)을 뚜렷하게 나타내고 있음을 알게 된다.

미국 국가 가사 일부를 보자. 미국의 호전성을 그대로 나타내고 있음을 단번에 알 수 있다. "… 우리를 감싸주는 성조기는 치열한 전투 중에 우리가 사수한 성벽 위에서 의연히 나부끼고 있었다. 붉게 타오르며 작렬하는 포화와 치열한 폭탄 속에서도 우리의 성조기가 우뚝 서 있음을 우리는 보았다…."

역시 일본 국가 가사는 천황 중심의 권위주의적인 내용을 그대로 담고 있다. 일본 사람들은 국가를 부를 때마다 항상 천황만을 생각하도록 만들어 놓았다. 고이즈미와 같은 사람이 나올 수밖에 없다. "천황의 다스림은 언제나 언제까지나 조약돌이 자라서 바위가 될 때까지 그 바위에 이끼가 자랄 때까지 계속되기를…."

특히 중국 국가 가사는 다분히 선동적이며 전투적이다. "일어나라 노예가 되기 원치 않는 사람들아. 우리의 피와 살로 우리의 새로운 장성을 건설하자. 중화민족에게 가장 위험한 때가 닥쳐왔다…."

미국에서는 교회 안에도 성조기가 세워져 있으며, 초등학생에게는 성조기에 대한 맹세교육이 철저하게 실시되고 있다. 이웃 일본과 중국도 결코 미국에 뒤지지 않는다. 이런 점에서 붉은 악마의 뜨거운 태극기 사랑과 "대한민국" 국호 사랑은 우리 스스로 자부심을 갖게 만든다.

그런데 지난 몇 년 동안에 하필이면 왜 우리 국기와 애국가에 대한 권위를 약화 내지 손상시키려는 일이 시도되었는지 도저히 이해할 수 없다. 우리 조상들은 태극기와 애국가를 구심점으로 삼아조국을 위해 목숨을 던지기도 하였고, 농촌개발, 사회계몽운동, 인재양성을 실천하고 동양 평화사상을 제시하였던 미래지향적인 선열들이었다.

지금 외국에서는 한국인이 선진국 수준을 따라올 것을 기대하고 있다. 우리는 지금 선진국으로 가기 위한 우리의 역할을 충실하게 해 나가야 한다. 그러나 우리는 오히려 외국의 도움을 받던 시절로 되돌아가서 과거 속에서 잠자려고 하고 있다.

우리 사회에서 특히 두 계층이 깊은 잠에서 깨어나야 한다. 지금부터 기업인과 정치인이 모범이 되어 우리 사회를 주도해 나가야 한다. 기업인들은 한국의 고도성장을 이룩한 주역들이다. 정치인들은 국민들로부터 많은 지탄을 받아왔으나 역시 민주화를 위해 많은 노력을 하였다. 지금 우리 사회는 기업인과 정치인들이 투명사회를 건설하는 일에 적극적인 지도력을 발휘해 줄 것을 요구하고 있다.

우리는 지금부터 "떡값"을 이 땅에서 완전히 추방해야 한다. 우리가 산업화 초기에 허기진 배를 채우고 더 열심히 일을 하기 위해 떡값이 필요했다. 고기 몇 근을 사서 찌개를 만들어 소주를 곁들여 마시면서 단합대회를 하기 위한 떡값이었다. 지금은 하루 동안 일을 해서 번 돈으로 최소한 라면과 김밥 등으로 일 주일을 지낼 수 있게 되었다. 이런 세상이라면 떡값이 필요없지 않은가? 지금부터 떡값을 받는 사람은 "최악의 파렴치범"으로 단죄하여 우리 사회에서 영원히 추방시켜 버려야 한다.

6. 칭찬하자 대한민국

우리는 지금 너무나 부정적 시각을 가지고 한가롭게 결코 끝이 없는 논쟁만을 계속하고 있다. 언론 방송매체들은 부정적인 내용들로 가득 차 있는 경우가 많다. 부정적인 칼럼을 쓰는 일이 마치 사회 명사(名士)가 되는 길이라고 착각할 정도로 우리의 관심은 부정적인 시각에 집중되어 있다.

우리는 많은 업적과 세계적 기록을 남긴 지난 60년간의 우리 현대사를 사랑해야 한다. 지금 세계는 우리를 주목하고 있는데도 우리는 이를 인식하지 못하고 있다. 지난 60년간 만들어 놓은 메가트렌드 속에는 우리가 떳떳하게 자부심을 가질 수 있는 내용들이 너무나 많이 포함되어 있다. 그리고 수치스러운 역사도 포함되어 있다. 이제는 이러한 역사를 긍정적으로 받아들이면서 서로를 관용으로 껴안고 서로에게 칭찬과 위로를 보내는 정신적인 여유를 가질 때가 되었다.

우리의 역사와 문화를 칭찬하고 자랑스럽게 여기자. 지금 서양은 문명병(文明病), 가족해체 등 비인간적인 중병을 앓고 있으며, 정신적인 한계점을 넘지 못하고 있다. 이를 탈출하기 위해 음식도 질병치료도 자연적인 것, 동양적인 것을 찾으려고 한다. 지금 동양과 서양은 친환경 패러다임을 중심으로 조화를 이루어 가고 있다. 특히 화장품과 패션에서도 인간회복적인 요소와 자연친화적인 것을 배우려고 한창이다. 이들 요소들은 바로 한국적인 것이다. 우리의 전통 의식주 생활은 이런 것을 모두 포용하고 있다. 한국적인 것에는 동양과 서양을 융합시킬 수 있는 많은 지혜가 담겨져 있다.

한국사회는 한 세대의 생애도 지나기 전에 의식주 문제 걱정에서 완전히 벗어난 빛나는 업적을 세웠다. 이런 일도 세계사에서 그 유례를 찾아보기 힘들다.

원래 우리 사회는 정신적으로 넉넉한 사회였다. 아직까지도 할

아버지와 할머니를 모시고 정신적인 풍요로움을 누리면서, 가족끼리 사랑을 확인하면서 자연친화적인 삶을 누리는 가정이 많이 있다. 2000년에 3세대가 함께 사는 가구 수는 전체 가구의 9.9%, 4세대가 함께 사는 가구 수는 전체 가구 수의 0.2%로 나타났다(통계청, 2004년 한국의 사회지표). 멀리 떨어져 살고 있는 손자와 손녀들도 할아버지와 할머니의 정서를 이어받으려고 노력하는 일이 정신적 삶의 영양소로 깊게 깔려 있다.

제2장의 "7가지 미래창조 메가트렌드"에서 밝혀져 있듯이 우리는 선진국들은 물론 세계 어느 국가도 결코 따라올 수 없는 실적과 역사적인 기록을 세워놓았다. 그리고 이러한 실적과 기록을 중심으로 결코 유형가치의 잣대로 평가할 수 없는 값진 많은 무형자산들을 축적해 놓았다. 우리는 여기에 대한 자부심은커녕 오히려 우리 스스로 우리의 역사를 난도질하고 있다.

서로에게 칭찬을 보내면서 지난 60년 동안에 이룩한 우리의 현대사를 사랑하자. 산업화 세대는 민주화 세대의 장점을 칭찬하고, 민주화 세대는 산업화 세대의 장점을 칭찬하자. 그러면 자연적으로 우리 모두가 현대사를 사랑하게 될 것이다.

칭찬은 가장 값진 투자이다.

칭찬은 일을 하게 만든다. 칭찬은 남을 배려하는 세상을 만든다. 칭찬은 사람을 행복하게 만든다. 우리 모두는 지금부터 서로 칭찬을 하면서 열심히 일하고 많은 사람들을 행복하게 만들어야 한다.

부모를 칭찬하는 자녀가 되고, 자녀를 칭찬하는 부모가 되어 깨어 있는 가정을 만들자. 그리고 이웃끼리 칭찬하고 남을 배려하는 이웃을 만들고 더 나아가 남을 배려하는 세상을 만들자. 언론방송은 긍정적인 내용과 칭찬에 관련되는 내용을 많이 다루자. 이런 일을 하게 되면 언론방송계야말로 과거와는 전혀 다른 새롭고 훌륭한 사회적 리더십을 갖추게 될 것이다. 그리고 자연만큼 풍요롭고 순수한 마음과 우주만큼 넓은 마음을 가지고 세계를 바라보면서 "7가지 미래창조 메가트렌드"를 글로벌화시키자.

7. 메가트렌드로 일류국가 창조하자

21세기에 우리나라는 선진국가군의 선두에 서야 한다. 21세기 초기를 지나자마자 20세기 유형의 선진국(the Advanced Country) 수준에 도달하는 국가의 수는 더 많아진다. 따라서 21세기에는 글로벌 세계를 주도하는 일류국가(the First Class Country) 집단이 생겨 이들 일류국가들이 세계를 주도해 나가게 된다.

우리나라가 일류국가가 되기 위해서는 필수적으로 우리의 훌륭한 품성이 다시 살아나야 한다. 훌륭한 품성으로 "7가지 미래창조 메가트렌드"를 미래 성장동력으로 발전시킨다면 우리나라는 틀림없이 일류국가가 된다. 앞으로 일류국가를 결정하는 요소는 다음과 같은 것들로 집약된다.

● 높은 정신문화 활동 지수를 요구한다

물론 21세기에도 20세기처럼 선진국 수준의 물질문명 지수도 일류국가의 구성내용으로 포함된다. 그러나 더욱 더 높은 정신문화 활동지수를 요구한다. 우리나라는 지방자치제 실시 이후에 정신문화 활동이 계속 증가하고 있다. 앞으로 지방자치단체는 지역개발사업이 한계점에 이르게 되어 결국 정신문화 활동, 지역사회의 복지와 교육문제에 관심이 높아질 것이다. 이는 일류국가를 성취하는 데 필요한 기본 동력이 될 것이다.

● 환경청정 지수가 일류국가를 결정하는 중요한 요인이 된다

환경청정 지수는 상품수출에 많은 영향을 미치게 된다. 환경청정 지수가 낮은 국가의 농축산물은 수출시장에서 큰 타격을 받게 될 것이다. 이에 따라 지방자치단체는 환경청정 지수를 높이고 친환경 산업을 발전시켜야 한다. 앞으로 자치단체들은 개발지향적인 자치행정에서 친환경적인 사업으로 방향전환해야 한다.

● 교육제도와 교육내용이 인간의 질적인 삶과 행복을 보장해야 한다

앞으로 교육의 질이 일류국가를 결정하는 중요한 요인이 된다. 우리는 교육방법을 100% 바꾸어야 한다. 교육은 삶을 충실하게 살아가는 데 도움을 줄 수 있고 개인의 삶을 성실하게 엮어가는 포트폴리오 중심으로 자리를 잡아가야 한다.

● 가족관계와 가정의 유대관계도 일류국가를 결정하는 중요한 요인이 된다

가족관계와 가족연대가 인간 행복충족의 중요한 요인이 된다. 우리 전통 가족제도의 정신세계는 일류국가의 가족세계를 충족시키기에 충분하다. 우리는 전통적인 가정윤리를 현대 사회에 알맞게 개선하여 오늘의 가족관계를 강화해 나가야 한다.

● 웰빙 지수가 일류국가를 결정하는 데 핵심적인 역할을 하게 된다

웰빙 지수는 행복 지수에 관련된 가족관계, 삶의 질, 정신문화와 건강, 자율적 교육, 여가선용, 자기 성장, 음식물의 질, 농산물의 청정도, 주거 및 생활환경 등 다양한 분야에 관련된 내용으로 구성될 것이다. 우리의 전통적인 의식주 생활 문화가 담고 있는 정신세계는 일류국가의 정신세계를 충족시키고도 남음이 있다.

"7가지 대한민국 미래창조 메가트렌드"는 일류국가가 될 수 있는 충분한 내용을 담고 있다. 또 이들 메가트렌드는 수많은 무형자산으로 구성되어 있다. 위에서 제시한 바와 같이 일류국가의 내용은 무형자산으로 구성되어 있다. 세계는 우리의 무한한 무형자산을 주목하고 있다.

"7가지 미래창조 메가트렌드"와 함께 우리는 힘찬 전진을 해야 한다. 이미 효용가치가 소멸된 이념논쟁을 과감히 던져버리고, 7가지 메가트렌드 속에서 솟아오르는 21세기 가치관과 패러다임에서 성장의 구심점과 전진의 깃발을 만들어내자.

우리가 세워놓은 세계 어느 국가도 따라올 수 없는 세계적인 기록과 실적, 그리고 우리가 축적해 놓은 수많은 무형자산에 대해 무한한 자부심을 가지고, 숙성문화를 바탕으로 세계 최첨단의 상품을 만들고, 우리의 탁월한 네트워킹 실력으로 175개국에 살고 있는 한민족을 하나로 묶어 글로벌 열린 민족이 되어 세계를 주도해 나가자. 지금부터 모두가 서로의 장점을 칭찬하면서 미래창조 메가트렌드에 끊임없이 활력을 불어넣어 신들림의 기상을 높여 나가자. 신들림의 기상으로 우리는 대한민국을 일류국가로 만들어 동서양을 결합하고 정신문화를 나누면서 평화롭고 즐거운 지구촌 사회를 만들어 가자.

❖ 찾아보기 ❖

[ㄱ]

가정윤리 225
가족연대 225
가치 생태계 63
가치 일탈현상 63
가치 지도(地圖) 82
가치 패러다임 63
가치관 복귀운동 87
가치관 환원운동 87
가치관의 순환구조 88
가치사슬 63
가치이동 63
간다구(神田區) 48
강력한 자아 98
개발독재 64
개신교 27, 52
거대한 지식시장 173
고등교육개혁사업 자문관 104
고령화 세대 156
곡선경사 지붕 118
공동연구기금 183
과학경쟁력 111
과학기술 교육 재교육 체제 126
과학기술 메가트렌드 126
과학유산 210
과학철학자 108
과학학업 성취도 110
관광 메가트렌드 176
관동지진 48
광복 세대 152
교수 학습체제 145
교육관 132
교육연수 154
교육의 보편성 132
교육의 수월성(秀越性) 132
교화활동 27
교회학교 22
구심점 218
국민의 정부 93
국비 유학생 178
국운상승 94
국제교육평가협의회 110
규격미달 제품 105
규범적 미래 194
극소형 공학기술 123
근대화 가치 66
근본주의적인 민족관 44

글로벌 네트워킹 22
글로벌 리더십 57
글로벌 문화 트렌드 61
글로벌 응원 21
글로벌 인재그룹 139
금모으기 운동 54
급진적인 변화 192
기동성 34
기마병 21
기미독립선언서 61
기성 세대 156
기회 메가트렌드 175
기회의 땅 57
기후대(氣候帶) 84
김덕수 52
김치 32
꽃들의 일대 반란 190

[ㄴ]

나일강 문명 169
남녀칠세 부동석 23
남아프리카 공화국 49, 57, 169
냄비근성 32
네덜란드 89
네오 아날로그 혁명 20
네오 아날로그(Neo-Analog) 36
네트워킹 실력 21
노령인구 153
노르웨이 83
뉴욕 89
뉴질랜드 49

[ㄷ]

다듬는 문화 31
다모작 210
다문화 84
다운시프트족 163
다인종 84
다종교 84
달구는 문화 31
닷컴 세대 99
대통령의 하야 92
대학진학률 25
대합창 교향곡 61
덴마크 83
도덕적 모범 75
독서력 38
독일월드컵 21
동서양 문화 29
「동아시아 성장한계론」 73
동양 평화사상 219
동이족(東夷族) 26
동티모르 27
두 마리 토끼 64
두문동 정신 21
디지털 사고 160
디지털 세대 152
디지털 정치문화 18
디지털 폭풍 18
떠넘기기 문화 37

떡값 220

[ㄹ]

라오스 88
러시아 47
레닌 88
로마교황청 51
로버트 제이 켈러(Robert J. Keller) 104
리베이트 143

[ㅁ]

마오리 90
마오쩌둥 135
말레이시아 49, 53, 57, 64
맥도날드 69
메가트렌드 7, 42
메소포타미아 문명 169
메주 32
멕시코 169
명문대학교 144
모방성 30
목천(木川) 22
무명옷 32
무역박람회 94
무형구조 99
무형자산(無形資産) 24
문맹률 25
문민정부 93
문자 25
문장력 38
문화관광국 176
문화유산 210
물질문명 지수 223
미국 49, 166
미국 가치 66
미국 가치사슬 64
미국식 맹신자 66
미드필드 100
미래 성장동력 23
미래창조 메가트렌드 24
미류(美流) 69
미얀마 88
민족성 44
민주시민 49
민주화 세대 152

[ㅂ]

박정희 대통령 46
반공포로 석방 91
반미감정 67
반복학습 131
반체제운동 100
배출비율 110
백남준 52
175개국 23, 51
181개국 51

베이커(Wayne E. Baker) 69
베트남 57
변화속도 188
변화의 폭 189
병천(竝川) 22
보부상 21
보수와 진보의 리듬 86
복합적 능력(Multi-capacity) 146
볼리비아 58
볼셰비키파 88
봉사유산 210
부존자원 50
북유럽 가치관 84
북한 개발 프로젝트 54
분기점 191
불교 27
불교문화 180
브라질 89
브랜드 가치 32
비영리단체(NPO) 58
비정부단체(NGO) 58
빨리 빨리" 문화 136

[ㅅ]

사내(社內) 대학 145
4대 시장 168
사물놀이 52
4 · 19세대 152
산업 인프라 202
산업화 세대 152
삼국유사 61
3모작 209
3 · 1운동 21
386세대 103, 152
상생(相生) 행복 39
새마을운동 17
생명공학기술 123
생산 가능 인구 153
생존 중심 가치 82
생태학적윤리 98
석유파동 197
선교사 52
선교활동 27
선두 기러기 178
선비정신 212
선진 가치 66
선진 정보산업국가 94
선진국 223
성찰 159
세계은행 55
세대통합 공동 CEO 정신 101
세대통합 촉진 세대 163
세련문화 31
소규모 대학교 145
소노(少老) 팀 162
소련 혁명 88
소말리아 27
소비 촉진자 99
소소(少少) 팀 161
소장(少壯) 팀 162
쇄국주의(鎖國主義) 107
수월성 132

수익 창출자 99
숙성문화(熟成文化) 30
스웨덴 83
스페인 89
슬로비족 163
승화과정(昇華過程) 31
시민 43
식품문화 고속도로 71
신슈펭글러리언(Neo-Spenglenian) 73
신지식 160
신탁운동 91
실용주의 31, 64
실험대학 운영 104
싱가포르 64
10대 시장 168
쌍방향 역점진적 변화 190
쌍방향(雙方向) 창조적(創造的) 파괴현상(破壞現象) 149

[ㅇ]

아날로그 사고 160
아놀드 미첼(Arnold Mitchell) 87
아시안 게임 94
아시안 국가 178
아웃소싱 56
IT기술 113
IT선진국 94
안성(安城) 22
앗셈(ASEM) 168
애국지사(愛國志士) 47
애버리진 90
양극성(兩極性) 211
에이펙(APEC) 168
X세대 99
여순반란 91
여자의 교육연수 154
역사왜곡(歷史歪曲) 184
연해주 47
열린 글로벌 민족 23, 44
열린 민족관 44
열린 민족주의 44
엿기름 32
영감(靈感) 75
영국 89
영성 가치 85
영성 생활 85
영적인 리더십 217
예측 159
예측결과 189
온건보수 우파세력 90
온고지신(溫故知新) 78
온난화 현상 190
올림픽 94
왕따 176
외계인 131
외방선교회 51
우수한 관광인력 176
우주관측소 127
운명적인 미래 201
웰 엔딩(Well-ending) 문화 98
웰빙 인프라 204

웰빙족 163
위탁경영제 148
유관순 22
유교문화 180
유년인구 153
유럽연합(EU) 166
유목민 21
유세이드(USAIDS) 104
유신개발 독재 94
유신정권 92
유태인 17
유학생 수 53
6 · 3세대 152
은나라 26
음성기호화 26
이념 리듬의 순환 사이클 86
이념파동 86
이라크 27
2모작 209
이민사(移民史) 51
이산규모 28
이산성(離散性) 29
이슬람문화 180
이율배반 64
이탈리아 28
2 · 8 독립선언서 48
인공지능 신소재 114
인공지능 신소재 인프라 125, 204
인그레하트(Ronald Inglehart) 69
인더스강 문명 169
인도 169
인도네시아 168
인도인 동포 네트워크 56
인디언 90
인력개발센터 179
인스턴트 문화 68
일류국가 223
일본 28

[ㅈ]

자기 표현 중심 가치 82
자동제어 분야 35
자립정신 101
자립형 고등학교 133
자생적 과학기술 108
자연발생적 미래 194
자유민주주의 64
자율성 중심의 동아리 활동 150
전통지향 가치 82
점진적 변화 189
점진적 변화양상 189
정경유착(政經癒着) 213
정군유착(政軍癒着) 213
정노유착(政勞癒着) 213
정답 맞추기 훈련 131
정방유착(政放癒着) 213
정보 인프라 202
정보공학기술 123
정신수련 38
정신적 동력 23
정신적 역량 24
정신적 자본(精神的 資本) 24

정언유착(政言癒着) 213
정학유착(政學癒着) 213
제도적 도움 202
제조업의 공동화 현상 119
제2정보 폭발 126
제2, 3인생 208
제3 · 4의 인생 101
조선개신교청년회관 48
종속이론(從屬理論) 89
좌파 가치관의 리듬 89
주력 수출품 94
주문식 맞춤교육 146
줄기세포 123
줄리안 웨이스(Julian Weiss) 73
중국 168
중국 성인의 문맹률 25
중노(中老) 팀 162
중도우파 91
중도좌파 91
중도파 91
중소(中少) 팀 161
중앙아시아 48, 178
지리산 토벌 91
진보급진 좌파세력 90
짜르 체제 88

[ㅊ]

참 34
창조적 파괴 192
책임경영제 147
처방전 201
천문대 127
천부경 61
천안(天安) 22
청년봉사단 58
청주(淸州) 22
체험적 지식 160
총체적 위기 194
최악의 파렴치범 220
최적주의(最適主義) 88
춘추전국시대 19
출입국 정책추진단 56
칭기스칸 21
7가지 미래창조 메가트렌드 217
KIST 93

[ㅋ]

캄보디아 88
캐나다 28, 49
코리안 글로벌 문화연합 62, 63
코리안 글로벌 봉사연합 62, 63
코스웨어(Courseware) 145
콜럼버스 89
클린턴 25

[ㅌ]

탈(脫) 민족관(民族觀) 44
태국 172

태평양전쟁 48
터키 169
테러리즘 100
토론과정 36
통합 코아 코스(Multi Core Course) 146
통합된 자아 98
투 더불류권 71, 166
투 더불류권 문화 실크로드 180
투 더불류권 이동대학교 181
투 더불류권 종교대학 182
투 더불류권 지역 연구대학 182
투 더불류권 해양연구대학 182
투 더불류권 횡단철도 181
투 더불류(WW) 165
특성화 정책 104

[ㅍ]

팔만대장경 61
패전국 50
팻싱 소사이어티(Passing Society) 36
퍼지논리 34
페어플레이 67
편 합치기 사고 133
평균 효용주기 191
평균수명 188, 207
평준화 교육 133
평화유지군 27
포루투갈 89
포트폴리오 224
폴 크루그만(Paul Krugman) 73
폴란드 169
필리핀 53

[ㅎ]

하와이 망명 92
하이퍼폴리틱스(hyperpolitics) 18
한국 168
한국국제봉사기구 58
한국국제협력단 58
한국인 학자 52
한국자원봉사단체협의회 58
한글 26
한류(韓流) 69
한미우호 63
한민족 글로벌 네트워크 59
한민족한상대회 58
한석봉 34
한일관계 63
한일월드컵 21
한중관계 63
항일 의병운동 48
해방신학(解放神學) 89
해상 교통망 170
해양 물류 실크로드 181
해외 경제권 28
햄버거 69
행복지수 85
현세적 · 합리지향 가치 82
호주 49

호주 유학생 수 53
홈스쿨링 150
확률 189
환경청정 지수 224
황하 문명 169
횃불 22
힌두문화 180

하인호(河仁鎬)

한국미래학연구원 원장(1995년-현재)

1979-1981년 미국 피츠버그대학교 고등교육연구소와 국제학연구센터에서 미래연구 프로젝트와 심포지엄에 참가한 이래 국내에서 1991-2000년까지 21세기 아카데미와 성천 아카데미에서 미래학 강의를 하였고, 2000년부터는 한신대학교와 한국산업기술대학교에 미래학 강좌 개설을 지원하였으며, 지금은 대학원 과정에 미래학 전공과정을 개설하기 위한 노력을 하고 있다.

1995년 한국미래학연구원을 설립한 이래 미래연구 수행, 미래경영 자문, 지식경영 모형을 개발하였으며, 현재는 SIS 지수를 개발중에 있다.

저서로는 『21세기를 잡아라 : 한국 2005년-2035년』, 『인간주의, 그 미래를 열어라』, 『미래학이란 무엇인가』, 『지식경제시대의 존재혁명』, 『지식사회로 가는 길』, 『투 더블류(WW)중심권 신세계질서』 등이 있으며, 지금은 1998년부터 구상해 온』, 『숨겨진 세상 발견』이란 새로운 책의 집필을 시작하였다.

감사원 자치행정감사자문위원회 위원장(전), 3 · 1운동기념사업회 자문위원(현) 등 사회활동을 하고 있으며, 미국 피츠버그대학교에서 박사학위(전공 : 고등교육, 부전공 : 미래학)를 취득하였고, 한양대학교 교수, 미국 피츠버그대학교 국제학연구센터 책임연구원, 문교부 중앙교육연수원 교수부장, 교육부 국립교육평가원 평가기획부장 등을 역임하였다.

한국인의 힘

7가지 미래창조 메가트렌드

초판1쇄 / 2006년 11월 10일

지은이 **하인호**
펴낸이 **여국동**
펴낸곳 **도서출판 인간사랑**
인 쇄 **백왕인쇄**
제 본 **은정제책사**

출판등록 1983. 1. 26. / 제일-3호

(411- 815) 경기도 고양시 일산구 백석동 1178-1
TEL (031)901-8144, 907-2003
FAX (031)905-5815
e-mail/igsr@Yahoo.co.kr
igsr@Naver.com

정가 10,000원

ISBN 89-7418-200- 9 03300